# 商业银行信贷实务

王晓佳　周　静　编

北京大学出版社
PEKING UNIVERSITY PRESS
黑龙江大学出版社
HEILONGJIANG UNIVERSITY PRESS

**图书在版编目（CIP）数据**

商业银行信贷实务 / 王晓佳，周静编．-- 哈尔滨：
黑龙江大学出版社；北京：北京大学出版社，2019.8(2020.7重印）
ISBN 978-7-5686-0326-3

Ⅰ．①商… Ⅱ．①王… ②周… Ⅲ．①商业银行一信
贷管理 Ⅳ．①F830.5

中国版本图书馆CIP数据核字（2019）第037940号

商业银行信贷实务
SHANGYE YINHANG XINDAI SHIWU
王晓佳 周 静 编

责任编辑 刘 岩
出版发行 北京大学出版社 黑龙江大学出版社
地 址 北京市海淀区成府路205号 哈尔滨市南岗区学府三道街36号
印 刷 哈尔滨市石桥印务有限公司
开 本 787毫米×1092毫米 1/16
印 张 14.75
字 数 297千
版 次 2019年8月第1版
印 次 2020年7月第2次印刷
书 号 ISBN 978-7-5686-0326-3
定 价 38.00元

# 目　录

# 第一章　商业银行信贷业务概述

☞ **学习目标**

1. 掌握商业银行信贷业务的概念和种类。
2. 理解商业银行信贷业务的基本要素。

☞ **重点难点**

1. 商业银行信贷业务的分类标准和主要信贷业务种类。
2. 商业银行信贷业务的本息计算方法与偿还方式。

## 第一节　商业银行信贷的相关概念

### 一、商业银行信贷的概念

商业银行信贷是指商业银行利用自身实力和信誉,按照一定的贷款原则与政策,并以客户还本付息为前提条件,为客户提供资金融通和债务承担的借贷行为。商业银行信贷包括两部分,即"资金融通"和"债务承担"。前者是指商业银行实际出借资金,属于狭义的信贷,也称为"贷款"。后者是指商业银行不通过出借资金,而仅凭出借自己的信用,发挥资金融通或担保的作用,有人称这一功能为"信用链接"。可见,商业银行信贷 = 贷款 + 信用链接。

### 二、商业银行信贷业务的含义

商业银行信贷业务是商业银行主要的资金运用业务,是商业银行资产业务的重要组成部分,也是商业银行利润的主要来源之一,是商业银行业务经营的重点。

## 第二节 商业银行信贷业务的种类

根据贷款对象的不同,商业银行信贷业务可以分为个人贷款业务和公司贷款业务两种。

### 一、个人贷款业务

个人贷款是指商业银行向符合贷款条件的个人客户发放的用于满足个人消费、生产经营等资金需求的本、外币贷款。

随着人们收入水平的提高,消费理念的改变,个人贷款业务在商业银行全部贷款业务中的竞争越来越激烈。它与公司贷款业务相区别的重要特征在于主体,即借贷合同关系的一方主体是商业银行,另一方主体是自然人。

商业银行个人贷款业务种类繁多,根据不同的分类标准有不同的贷款种类。

#### (一)按资金用途分类

根据资金用途的不同,个人贷款业务可以分为个人消费类贷款和个人经营类贷款。

**1. 个人消费类贷款**

个人消费类贷款是指商业银行向申请购买"合理用途的消费品或服务"的借款人发放的,以实现个人"预支未来财富、享受超前生活"的个人贷款。具体来说,它是商业银行向个人客户发放的、有指定消费用途的人民币贷款业务,主要用于满足购买耐用消费品、教育支出和医疗等消费性需求。

个人消费类贷款包括:个人住房贷款、个人汽车贷款、个人耐用消费品贷款、个人教育贷款、个人住房装修贷款、个人旅游消费贷款、个人医疗贷款和个人小额信用贷款。

**(1)个人住房贷款**

个人住房贷款是指商业银行向借款人发放的用于购买自用普通住房,在借款人缴清首期房款之后,借款金额一般为房款的70%、期限最高为30年的,并以商业银行认可的抵押、质押或者保证作为担保的人民币专项贷款。个人住房贷款又分为个人商业性住房贷款、公积金个人住房贷款和个人住房组合贷款三种。

个人商业性住房贷款也称自营性个人住房贷款,是指商业银行向具有完全民事行为能力的自然人在城镇购买、建造或大修各类型住房时,以其所购产权住房为抵押物作为偿还贷款的保证而发放的贷款。

公积金个人住房贷款也称委托性住房公积金贷款，是指住房公积金缴存人以及在职期间缴存住房公积金的离退休职工，在购买、建造、翻建、大修自住住房时，由各地住房公积金管理中心运用个人及其所在单位缴纳的住房公积金为资金来源，委托商业银行发放的专项住房贷款。该贷款是一种政策性个人住房贷款，不以营利为目的，实行“低进低出”的利率政策，贷款额度受到一定的限制。

个人住房组合贷款是指按时足额缴存住房公积金的借款人在购买、建造或大修住房时，已申请的个人公积金住房贷款不足以支付所需资金，可再申请个人商业性住房贷款，从而形成两种个人住房贷款的组合，简称个人住房组合贷款。

**(2)个人汽车贷款**

个人汽车贷款是指借款人在特约经销商处购买汽车时，在贷款银行存入首期车款后，以所购车辆抵押或银行认可的权利、动产质押或有能力承担连带责任的保证人提供保证，向银行申请的专项人民币贷款。

个人汽车贷款所购车辆按用途可以划分为自用车和商用车。自用车是指借款人申请汽车贷款购买的不以营利为目的的汽车，如轿车、多功能车和越野车等；商用车是指借款人申请汽车贷款购买的以营利为目的的汽车，如客运车、货运车、混凝土搅拌运输车等。

个人汽车贷款所购车辆按注册登记情况可以划分为新车和二手车。二手车是指自公安交通管理机关注册登记到规定报废标准之前进行所有权变更并依法办理过户手续的汽车。

**(3)个人耐用消费品贷款**

个人耐用消费品贷款是指商业银行向消费者个人发放的用于购买耐用消费品的人民币担保贷款。

耐用消费品通常是指使用寿命在2年以上、单价在2 000元以上的家庭耐用商品(住房、汽车除外)，主要包括家具、家用电器、电脑、乐器和健身器材等。该类贷款通常由商业银行与具有一定的经营规模和较好的社会信誉的特约商户签订耐用消费品合作协议，即借款人需在商业银行指定的商户处购买特定商品。

**(4)个人教育贷款**

个人教育贷款是商业银行向在读学生或其直系亲属、法定监护人发放的用于满足其就学资金需求的贷款。根据贷款性质的不同，个人教育贷款分为国家助学贷款和商业助学贷款。

国家助学贷款是由国家指定的商业银行面向全日制高等学校在校的经济确实困

难的学生(高职学生、本专科学生、研究生以及第二学士学位学生)发放的,用于支付其在校期间的学费、住宿费和日常生活费,并由教育部门设立"助学贷款专户资金"给予财政贴息的贷款。国家助学贷款实行"财政贴息、风险补偿、信用发放、专款专用和按期偿还"的原则,它是运用金融手段支持教育、资助经济困难学生完成学业的重要形式。

商业助学贷款是指商业银行向学生或其直系亲属、法定监护人发放的,用于学生支付学费、住宿费、生活费的一种银行贷款。商业助学贷款实行"部分自筹、有效担保、专款专用和按期偿还"的原则。

**(5)个人住房装修贷款**

个人住房装修贷款是指商业银行向自然人发放的,用于支付自用住房的家庭装潢和维修工程的施工款、相关的装修材料和厨卫设备款等人民币担保贷款。

个人住房装修贷款为短期贷款,各个商业银行期限会略有不同,不过一般都不会超过5年。一般以所购住房作抵押,贷款利率按照中国人民银行规定的同期同档次贷款利率执行,一般没有利率优惠。

**(6)个人旅游消费贷款**

个人旅游消费贷款是指商业银行向消费者个人发放的用于本人或家庭成员支付旅游费用,在贷款银行提供不少于旅游项目实际报价20%首期付款后,借款金额在2 000—50 000元、期限在6—12个月,并以商业银行认可的有效权利、动产作为质押担保或者具有连带责任的保证人提供保证的人民币贷款。

**(7)个人医疗贷款**

个人医疗贷款是指商业银行向自然人发放的用于支付个人及其配偶或直系亲属伤病就医时医疗费用的贷款。个人医疗贷款一般由贷款银行和保险公司联合当地特定合作医院办理,由借款人到特约医院领取并填写经特约医院签章认可的贷款申请书,持医院出具的诊断证明及住院证明,到开展此业务的商业银行申办贷款,获批准后持借款人名下的银行卡和经商业银行盖章的贷款申请书及个人身份证到特约医院就医、结账。

**(8)个人小额信用贷款**

个人小额信用贷款是商业银行或其他金融机构向资信良好的借款人发放的,无须提供担保的人民币信用贷款。以个人信用为还款保障,额度通常不会超过20万,借款期限为1—2年不等。

**2. 个人经营类贷款**

个人经营类贷款是指商业银行向个体工商户等借款人发放的，用于其从事合法生产经营而购买商用房、流动资金周转、购置或更新经营设备、支付租赁经营场所租金、商用房装修等合理资金需求的贷款。个人经营类贷款包括个人商用房贷款、个人经营贷款、农户贷款和下岗失业小额担保贷款。

**（1）个人商用房贷款**

个人商用房贷款是指商业银行向自然人发放的，用于其购买或租赁商用房所需资金的贷款。目前，个人商用房贷款主要是为了解决自然人购买用以生产经营的商铺（销售商品或提供服务的场所）资金需求的贷款。个人商用房贷款额度不超过所购房屋总价或经房地产估价机构评估的所购商业用房、办公用房全部价款（二者以低者为准）的一半。

**（2）个人经营贷款**

个人经营贷款是指商业银行向借款人发放的，用于其从事合法经营活动的人民币贷款，其中借款人是指具有完全民事行为能力的自然人。

**（3）农户贷款**

农户贷款是指商业银行向长期居住在乡镇和城关镇所辖行政村的住户、国有农场的职工和农村个体工商户发放的，用于其生产经营、生活消费等用途的贷款。根据资金用途的不同，农户贷款又可细分为农户种植业贷款、农户养殖业贷款、农户其他行业贷款（如承包户工业贷款）和农户生活贷款。

**（4）下岗失业小额担保贷款**

下岗失业小额担保贷款是指在政府指定的贷款担保机构提供担保的前提下，商业银行向中华人民共和国境内（不含港、澳、台地区）的下岗失业人员发放的人民币贷款。

下岗失业小额担保贷款最低额度为2 000元，单户贷款最高额度不超过2万元，贷款期限最长不超过2年。若经担保机构同意继续提供担保的，可按中国人民银行规定延长还款期限1次，展期期限最长不得超过1年。

（二）按有无担保分类

根据是否有担保，个人贷款业务可以分为无担保贷款和有担保贷款。其中，无担保贷款是指个人信用贷款，有担保贷款包括个人抵押贷款、个人质押贷款和个人保证贷款。

### 1. 个人信用贷款

个人信用贷款是指商业银行完全凭借款人的信用而发放的，无须提供任何担保的贷款。个人信用贷款主要依据借款人的个人信用状况来确定贷款额度，它以借款人本身的信用作为还款保证。

个人信用贷款的特点是：

第一，准入条件严格。通常，商业银行对个人信用贷款的借款人规定了严格的准入条件，借款人需有稳定的工作与收入，具备按时还款的能力，且拥有良好的信用记录。

第二，贷款额度小。一般情况下，个人信用贷款额度最高为 100 万元。对于信用卡贷款而言，某些信用卡的透支额度仅有 1 000 元。

第三，贷款期限短。在贷款年限方面，个人信用贷款属于短期借款，主要根据个人信用记录和个人信用等级来确定，贷款期限一般为 1 年(含)，最长不超过 3 年。

### 2. 个人抵押贷款

个人抵押贷款是指按《中华人民共和国担保法》(以下简称《担保法》)规定的抵押方式，以借款人或第三人的财产作为抵押物而向自然人发放的贷款。当借款人不能偿还贷款本息时，贷款银行有权依法以该抵押物处分的价值优先受偿。

《担保法》规定，下列财产可以抵押：①抵押人所有的房屋和其他地上定着物；②抵押人所有的机器、交通运输工具和其他财产；③抵押人依法有权处分的国有的土地使用权、房屋和其他地上定着物；④抵押人依法有权处分的国有的机器、交通运输工具和其他财产；⑤抵押人依法承包并经发包方同意抵押的荒山、荒沟、荒丘、荒滩等荒地的土地使用权；⑥依法可以抵押的其他财产。

《担保法》规定，下列财产不得抵押：①土地所有权；②耕地、宅基地、自留地、自留山等集体所有的土地使用权；③学校、幼儿园、医院等以公益为目的的事业单位、社会团体的教育设施、医疗卫生设施和其他社会公益设施；④所有权、使用权不明或者有争议的财产；⑤依法被查封、扣押、监管的财产；⑥依法不得抵押的其他财产。

抵押人和抵押权人应当以书面形式订立抵押合同，抵押合同应当包括以下内容：①被担保的主债权种类、数额；②债务人履行债务的期限；③抵押物的名称、数量、质量、状况、所在地、所有权权属或者使用权权属；④抵押担保的范围；⑤当事人认为需要约定的其他事项。

### 3. 个人质押贷款



个人质押贷款是指按《担保法》规定的质押方式，以借款人或第三人的动产或权利作为质物而向自然人发放的贷款。

《担保法》规定,下列动产或权利可以成为质押贷款的质物:①汇票、支票、本票、债券、存款单、仓单、提单;②依法可以转让的股份、股票;③依法可以转让的商标专用权,专利权、著作权中的财产权;④依法可以质押的其他权利。

个人质押贷款的特点是:

第一,贷款风险较低,担保方式相对安全。个人质押贷款的风控重点是关注质物的真实性、合法性和易售性。借款人将价值充足、变现力强的动产或权利凭证质押给银行,担保方式相对安全,商业银行贷款风险较低。

第二,时间短、周转快。借款人申请个人质押贷款的目的通常是救急,贷款期限短,周转快速。

第三,操作流程短。通常,个人质押贷款须在柜台办理,商业银行按照网点授权大小进行审批:以同行开出的权利凭证作为质物办理的质押贷款便于核实,效率较高;同城同业、异地同业的权利凭证核实手续需要商业银行共同遵守,以防止欺诈风险。

第四,质物范围广泛。根据《中华人民共和国物权法》第223条的规定,个人有处分权的很多动产或权利凭证都可以用于质押。

### 4. 个人保证贷款

个人保证贷款是指按照《担保法》规定的保证方式,以第三人承诺在借款人不能偿还贷款时,按约定承担连带保证责任或一般保证责任而发放的贷款。

《担保法》规定,具有代为清偿债务能力的法人、其他组织或者公民,可以做保证人。下列机构不得为保证人:①国家机关(经国务院批准为使用外国政府或者国际经济组织贷款进行转贷的除外);②学校、幼儿园、医院等以公益为目的的事业单位、社会团体;③企业法人的分支机构或职能部门(有企业法人书面授权书者除外)。

保证人与债权人应当以书面形式订立保证合同,合同应当包括:①被保证的主债权种类、数额;②债务人履行债务的期限;③保证的方式;④保证担保的范围;⑤保证的期间;⑥双方认为需要约定的其他事项。

## 二、公司贷款业务

公司贷款是指商业银行按照一定的贷款原则和政策,以还本付息为条件,发放给法人,用于满足其生产经营活动所需资金的贷款。

公司贷款是目前商业银行最主要的贷款业务。按照不同的标准和方法划分公司贷款的种类,对加强贷款管理、反映信贷品种特点、研究信贷资产结构都具有重要的意义。

## (一)按货币种类分类

**1. 人民币贷款**

人民币贷款是以人民币为借贷货币的贷款。人民币是我国的法定货币。

**2. 外汇贷款**

外汇贷款是以外汇作为借贷货币的贷款。现有的外汇贷款币种有美元、港元、日元、英镑和欧元。

## (二)按贷款期限分类

**1. 短期贷款**

短期贷款是指融资期限在 1 年内(含 1 年)的贷款。

**2. 中期贷款**

中期贷款是指融资期限在 1 年以上(不含 1 年)、5 年以下(含 5 年)的贷款。

**3. 长期贷款**

长期贷款是指融资期限在 5 年以上(不含 5 年)的贷款。

## (三)按贷款保障条件分类

**1. 信用贷款**

信用贷款是指商业银行凭借款人的良好信誉发放的贷款。其最大特点是手续简便,不需要对任何担保品估价管理或对保证人审查,仅凭借款人的信用就可以取得贷款。因此,信用贷款风险较大,适用于向银企关系密切、实力雄厚、信誉卓著的借款人发放,且期限较短。

**2. 担保贷款**

担保贷款是指商业银行向按规定的、由借款人或第三方依法提供担保而发放的贷款。根据贷款担保方式不同,担保贷款又可以细分为抵押贷款、质押贷款和保证贷款。

抵押贷款是指以借款人或第三人的财产作为抵押物而发放的贷款。如果借款人不能按期归还贷款本息,商业银行将以抵押财产折价或者以拍卖、变卖抵押财产的价款优先受偿。

质押贷款是指以借款人或第三人的动产或权利作为质押物而发放的贷款。

保证贷款是指以第三人的承诺作为还款保证而发放的贷款。第三人承诺,在借款人不能偿还贷款时,其会按约定承担连带责任保证。

### (四)按贷款用途分类

#### 1. 固定资产贷款

固定资产贷款是指商业银行向借款人发放的,主要用于基础设施、市政工程、厂房等固定资产项目的新建、扩建、购置、改造及其相应配套设施建设的中长期本外币贷款。

#### 2. 流动资金贷款

流动资金贷款是指商业银行为满足企(事)业法人正常生产经营周转或临时性、季节性的资金需求而发放的本外币贷款。流动资金贷款具有期限短、手续简便、周转性强、融资成本低等特点,是客户最为频繁申请的一种贷款。

#### 3. 并购贷款

并购贷款是指商业银行向并购方企业或并购方控股子公司发放的,用于支付并购股权对价款项的本外币贷款。并购贷款是针对境内优势客户在改制、改组过程中,有偿兼并、收购国内其他企(事)业法人或已建成项目及进行资产、债务重组过程中所产生的融资需求而发放的贷款。并购贷款是一种特殊形式的项目贷款,通常以并购后企业产生的现金流、并购方综合收益或其他合法收入为还款来源。

#### 4. 房地产贷款

房地产贷款是指商业银行用于满足法人房产或地产的开发、经营、建造活动中所需建设资金需求的贷款,它主要包括土地储备贷款和房地产开发贷款。

土地储备贷款是指向负责土地一级开发的机构发放的,用于土地收购及土地前期开发、整理的贷款。房地产开发贷款是指向法人发放的,用于开发、建造向市场销售、出租等用途的房地产项目的贷款。

#### 5. 项目融资

项目融资是指以项目本身具有的比较高的预期投资回报可行性或者以第三者的抵押为担保的一种融资方式。其特征包括:①借款人通常是项目单位的发起人,即为建设、经营该项目或为该项目融资而专门组建的企(事)业法人,包括主要从事该项目建设、经营或融资的既有企(事)业法人;②贷款用途通常是用于建造一个或一组大型生产装置、基础设施、房地产项目或其他项目，包括对在建或已建项目的再融资；③还款资金来源主要依赖该项目本身，一般不具备其他还款来源。

（五）按照风险程度或贷款质量分类

**1. 正常贷款**

正常贷款是指借款人能够正常履行借款合同，商业银行对借款人可以按期偿还贷款有充分的把握。商业银行贷款的损失率为0。

**2. 关注贷款**

关注贷款是指借款人目前有能力偿还贷款本息，但存在一些可能会干扰偿还贷款的不利因素，需要对其进行关注或监控。商业银行贷款的损失率为不超过5%。

**3. 次级贷款**

次级贷款是指借款人的还款能力出现了明显的问题，依靠其正常的经营收入已无法正常还款，需要通过处分担保或重新融资的方式来归还贷款。商业银行贷款的损失率为30%—50%。

**4. 可疑贷款**

可疑贷款是指借款人已无法足额偿还贷款本息，即使执行抵押或者担保，也肯定会造成一定的损失。商业银行贷款的损失率为50%—75%。

**5. 损失贷款**

损失贷款是指借款人已无偿还本息的可能，在采取了所有可能的措施和履行一切必要的法律程序后，贷款都注定会出现损失，或者仅能收回极少部分。从商业银行的角度看，已没有意义和必要再将此贷款作为商业银行资产而在账目上保留下来，可以在履行必要的法律程序之后予以注销。商业银行贷款的损失率为75%—100%。

（六）按贷款自主程度分类

**1. 自营贷款**

自营贷款是指商业银行以合法方式筹集资金、自主发放的贷款。风险由商业银行承担，并由商业银行负责收回本金和利息。

**2. 委托贷款**



委托贷款是指政府部门、企（事）业单位和自然人等委托人提供资金，并指明贷款对象、金额、期限、利率和用途等条件，由商业银行作为受托人而代为发放、监督使用并协助收回的贷款。委托贷款的风险由委托人承担，商业银行只收取手续费。

**3. 特定贷款**

特定贷款是指经国务院批准并对贷款可能造成的损失采取相应补救措施后，责成国有独资商业银行发放的贷款。

（七）按贷款偿还方式分类

**1. 一次还清贷款**

一次还清贷款是指借款人在贷款到期时一次性还清贷款本息。短期贷款通常采取一次还清贷款的还款方式。

**2. 分期偿还贷款**

分期偿还贷款是指借款人与商业银行约定在贷款期限内分若干期偿还贷款本息。中长期贷款采用分期偿还方式，中长期消费贷款还需按季或按月偿还贷款。

（八）按贷款利率分类

**1. 固定利率贷款**

固定利率贷款是指贷款利率在贷款期限内保持不变，遇利率调整也不分段计息的贷款。短期流动资金贷款均为固定利率贷款，即执行合同约定的利率。

**2. 浮动利率贷款**

浮动利率贷款是指贷款利率在贷款期限内随市场利率或官方利率波动，按约定时间和方法自动进行调整的贷款。

## 第三节　商业银行信贷业务基本要素

商业银行信贷产品的要素主要包括贷款对象、贷款额度、贷款利率、贷款期限、还款方式和担保方式等六个基本组成部分。

## 一、贷款对象

个人贷款业务的贷款对象仅限于具有完全民事行为能力的自然人。

公司贷款业务的贷款对象包括商业银行和商业银行的交易对手。商业银行的交易对手主要是经工商行政管理机关（或主管机关）核准登记，拥有工商行政管理部门颁发的营业执照的企（事）业法人和其他经济组织等。

## 二、贷款额度

贷款额度是指商业银行向借款人提供的、以货币计量的授信金额。除了中国人民银行、中国银行保险监督管理委员会或国家其他有关部门的明确规定外，商业银行应该在充分考虑借款需求、借款用途、还款能力、提供的担保、资信状况等因素的基础上来决定借款人的授信额度。

授信额度应当适度，应与借款人偿债能力和实际需求相匹配。若授信额度超过借款人的实际偿债能力或实际需求，则存在其挪用贷款的可能性，挪用难收。若授信额度不足，则贷款资金无法充分满足借款人的实际需求，借款人可能无法按期完成项目或为完成项目而另寻高息借款，此时，商业银行同样面临较大风险。

## 三、贷款利率

### （一）贷款利率的含义

贷款利率是指一定期限内的利息额与本金的比例。利率公式表示为：

$$利率 = 利息额/本金 \times 100\%$$

贷款利率是借款合同的主要条款，也是商业银行等信贷机构计算其主要收入来源（贷款利息）的依据。

贷款利率的高低直接影响着客户与银行之间的经济利益。定价过高，则会抑制客户的借款需求或驱使客户从事高风险的经济活动以应付过于沉重的债务负担，使之转向其他银行或通过公开市场直接筹资；定价过低，则商业银行无法实现预期的盈利目标，甚至不能抵补其付出的成本和承担的风险。

### （二）贷款利率的分类

**1. 根据计量的期限标准不同，贷款利率分为年利率、月利率、日利率**



年利率、月利率和日利率，分别用百分比、千分比、万分比表示，它们之间的换算关系为：

日利率(‱)=年利率(%)÷360(日)=月利率(‰)÷30(日)

**2. 根据借贷期限内是否变动，贷款利率分为固定利率和浮动利率**

固定利率是指在借贷期限内固定不变的利率。固定利率便于借贷双方进行收益和成本的计算，适用于短期资金借贷。固定利率不适用于借贷期限长、利率会发生较大变动的情况，利率的变化会导致借贷的一方产生重大损失。

浮动利率是指在借贷期限内，利率随市场变化定期调整的利率。浮动利率适合于市场变动较大而借贷期限又长的情况，借贷双方可以在签订借款协议时规定利率可以随物价或其他市场利率等因素进行调整。但浮动利率的计算依据多样，手续繁杂。

**3. 根据决定主体不同，贷款利率分为法定(官定)利率、公定利率和市场利率**

法定(官定)利率是指由货币管理当局(中央银行)确定的利率。

公定利率是指由金融机构或银行业协会按照协商办法确定的利率。公定利率只作用于参加该协会的金融机构，对其他机构不具有约束力，利率标准也通常介于官定利率和市场利率之间。

市场利率是指由市场资金借贷供求状况所决定的利率。

**4. 根据是否剔除通货膨胀因素，贷款利率分为名义利率和实际利率**

名义利率是指没有剔除通货膨胀因素的利率。实际利率是指已经剔除通货膨胀因素的利率。两者之间的关系，简单表述为：

实际利率=名义利率-通货膨胀率

**5. 根据国家政策意向不同，贷款利率分为一般利率和优惠利率**

一般利率是指在不享受任何优惠条件下的利率。优惠利率是指对某些部门、行业、个人所制定的优惠政策利率。

另外，基准利率是指在多种利率并存的条件下起决定作用的利率。它是中国人民银行对商业银行和其他金融机构的存、贷款利率，由中国人民银行总行确定。基准利率的变动是货币政策的主要手段之一，是各国利率体系的核心。如果中央银行改变基准利率，直接会影响商业银行借款成本的高低，从而对信贷起着限制或鼓励的作用，并同时影响其他金融市场的利率水平。

自2013年7月20日起,经国务院批准,中国人民银行决定,全面放开金融机构贷款利率管制。取消金融机构贷款利率0.7倍的下限,由金融机构根据商业原则自主确定贷款利率水平,贷款利率实现市场化。随着利率市场化进程的推进以及金融行业市场化程度的提升,商业银行对贷款产品的定价权越来越大,贷款产品的价差将越来越大,借款人对贷款产品的选择机会也将越来越多,银行间的竞争也势必愈加激烈。

### (三)利息的计算

1. 计算利息的基本公式为:

$$利息=本金\times贷款期限\times利率$$

2. 利率的换算:

$$年利率=月利率\times12(月)=日利率\times360(日)$$

$$月利率=年利率\div12(月)=日利率\times30(日)$$

$$日利率=年利率\div360(日)=月利率\div30(日)$$

3. 利息计算公式中的计息起点问题:利息金额算至厘位,实际支付时将厘位四舍五入至分位。

4. 利息计算公式中贷款期限的计算问题:①计算贷款期限采取算头不算尾的办法;②不论大月、小月、平月、闰月,每月均按30日计算,全年按360日计算;③各种贷款的到期日,均按对年对月对日计算。若借款期限为整年,则到期日为起始日在对年对月对日的前一日。如遇开户日为到期月份所缺日期,则以到期月的末日为到期日。

## 四、贷款期限

贷款期限是指从商业银行将贷款贷给借款人到贷款收回的时间,包括贷款偿还期和贷款宽限期。不同贷款产品的贷款期限各不相同,贷款银行应根据贷款种类、贷款性质、贷款用途来确定贷款期限。在借款合同中,当事人订立贷款期限条款必须详细、具体、全面、明确,以确保合同的顺利履行,防止产生合同纠纷。

对于商业银行而言,虽然长期贷款的收益较好,但贷款期限越长使得信贷机构的风险越大,使其增加了出现不良贷款的可能性,且积累了大量潜在风险。对于借款人而言,若贷款期限大于实际需求期限,则会导致企业贷款资金过剩,企业有可能会盲目扩大投资、扩张生产甚至进行权益性投资,从而产生更多的风险。若贷款期限短于实际需求期限，则又会导致贷款到期时，企业无法归还，从而造成逾期、垫款等不良贷款的发生，给商业银行造成不必要的损失，增加经营风险。

## 五、还款方式

还款方式是指借款人以何种方式还款。商业银行应根据信贷产品、借款金额、借款用途、借款人现金流等情况确定客户的还款方式，其中客户的未来现金流是最核心的因素，还款方式应当与客户未来的现金流相匹配。常见的六种还款方式为：到期一次还本付息法、等额本息还款法、等额本金还款法、等比累进还款法、等额累进还款法、组合还款法。

### （一）到期一次还本付息法

到期一次还本付息法又称期末清偿法，指借款人在贷款到期日还清贷款本息，利随本清，一般适用于期限在1年以内（含1年）的贷款。

**【例1-1】 到期一次还本付息法计算举例**

借款金额为10万元，期限为1年，年利率为10%，若采用到期一次还本付息法，则借款人需归还的本息额为多少？

到期一次还款金额为：$10\times(1+1\times10\%)=11$（万元）

### （二）等额本息还款法

等额本息还款法是指在贷款期内，借款人每月以相等的金额偿还贷款本息。等额本息还款法将借款人归还的本金总额和利息总额之和平分到还款期限的每个月，但每个月本金和利息的配给比例却不同。开始时由于本金较多，因而利息占的比重较大，当期应还本金 = 计划月还款额 - 当期应还利息，随着还款次数的增多，本金所占比重逐渐增加。每月还款额计算公式为：

$$每月还款额=\frac{月利率\times(1+月利率)^{还款期数}}{(1+月利率)^{还款期数}-1}\times贷款本金$$

**【例1-2】 等额本息还款法计算举例**

借款金额为10万元，期限为1年，年利率为10%，若采用等额本息还款法，则借款人需归还的本息额为多少？

表 1-1　等额本息还款法偿还表

| 等额本息还款法 | 每期等额还款 |
| --- | --- |
| 贷款总额 | 100 000 元 |
| 贷款期限 | 12 期 |
| 每期还款 | 8 791.59 元 |
| 支付利息 | 5 499.08 元 |
| 还款总额 | 105 499.08 元 |

表 1-2　等额本息还款法每期偿还利息和本金表

| 期次 | 等额本息还款法 | | |
| --- | --- | --- | --- |
| | 偿还利息(元) | 偿还本金额(元) | 剩余本金(元) |
| 1 期 | 833.35 | 7 958.24 | 92 041.76 |
| 2 期 | 767.01 | 8 024.58 | 84 017.18 |
| 3 期 | 700.14 | 8 091.45 | 75 925.73 |
| 4 期 | 632.71 | 8 158.88 | 67 766.85 |
| 5 期 | 564.72 | 8 226.87 | 59 539.98 |
| 6 期 | 496.17 | 8 295.42 | 51 244.56 |
| 7 期 | 427.04 | 8 364.55 | 42 880.01 |
| 8 期 | 357.33 | 8 434.26 | 34 445.75 |
| 9 期 | 287.05 | 8 504.54 | 25 941.21 |
| 10 期 | 216.18 | 8 575.41 | 17 365.80 |
| 11 期 | 144.72 | 8 646.87 | 8 718.93 |
| 12 期 | 72.66 | 8 718.93 | 0.00 |

### (三)等额本金还款法



等额本金还款法是指在贷款期内,借款人每月等额偿还贷款本金,贷款利息随本金逐月递减。借款人每月归还本金的数额相等，每月的还款额并不固定，而是随着每月本金的减少而递减。随着还款次数的增多，利息由多逐渐减少。每月还款额计算公式如下：

$$每月还款额 = \frac{贷款本金}{还款期数} + (贷款本金 - 已归还贷款本金累计额) \times 月利率$$

**【例 1-3】　等额本金还款法计算举例**

借款金额为 10 万元，期限为 1 年，年利率为 10%，若采用等额本金还款法，则借款人需归还的本息额为多少？

表 1-3　等额本金还款法偿还表

| 等额本金还款法 | 逐期递减还款 |
|---|---|
| 贷款总额 | 100 000 元 |
| 贷款期限 | 12 期 |
| 每期偿还本金 | 83333.33 元 |
| 支付利息 | 5 416.66 元 |
| 还款总额 | 105 416.66 元 |

表 1-4　等额本金还款法每期偿还利息和本息表

| 期次 | 等额本金还款法 | | |
|---|---|---|---|
| | 偿还利息(元) | 每期还款额(元) | 剩余本金(元) |
| 1 期 | 833.33 | 9 166.66 | 91 666.67 |
| 2 期 | 763.89 | 9 097.22 | 83 333.33 |
| 3 期 | 694.44 | 9 027.77 | 75 000.00 |
| 4 期 | 625.00 | 8 958.33 | 66 666.67 |
| 5 期 | 555.56 | 8 888.89 | 58 333.33 |
| 6 期 | 486.11 | 8 819.44 | 50 000.00 |
| 7 期 | 416.67 | 8 750.00 | 41 666.67 |

续表

| 期次 | 等额本金还款法 | | |
|---|---|---|---|
| | 偿还利息(元) | 每期还款额(元) | 剩余本金(元) |
| 8 期 | 347.22 | 8 680.55 | 33 333.33 |
| 9 期 | 277.78 | 8 611.11 | 25 000.00 |
| 10 期 | 208.33 | 8 541.66 | 16 666.67 |
| 11 期 | 138.89 | 8 472.22 | 8 333.33 |
| 12 期 | 69.44 | 8 402.77 | 0.00 |

### (四)等比累进还款法

等比累进还款法是指借款人将整个还款期按一定的时间段划分,每个时间段以固定比例递增或递减偿还贷款,而每个时间段内每月须以相同的偿还额归还贷款本息的一种还款方式。此种方法又分为等比递增还款法和等比递减还款法,通常比例控制在0至±100%之间,且经计算后的任意一期还款计划中的本金或利息不得小于零。此种方法通常与借款人对自身收入状况的预期相关:如果预期未来收入递增可选等比递增还款法,减少提前还款的麻烦;如果预期未来收入递减可选择等比递减还款法,减少利息支出。

**【例1-4】 等比累进还款法计算举例**

某购房者向商业银行贷款10万元,贷款期限为10年,按现行利率选择"等额本息还款法",其每月还款额为1 089.20元,10年后他总共需支付本息130 704元。如果该购房者预计5年后的收入将会有一个较大的提高,那么他可以选择"等比累进还款法",以5年为一个周期,第二个5年的月还款额比第一个5年的月还款额上浮50%,那么第一个5年内,他每月还款在905元左右,第二个5年内,其每月还款为1 358元左右,比905元上浮了50%,10年后他总共需支付约135 780元。从计算中可见,选择"等比累进还款法"的付息要比选择"等额本息还款法"多5 000余元,这是因为购房者借用银行贷款的时间要更长一些,因此在利率相同的情况下,其也就要多支付一些利息。

### (五)等额累进还款法

等额累进还款法是指借款人将整个还款期按一定的时间段划分,每个时间段以固定额度递增或递减偿还贷款,而每个时间段内每月须以相同的偿还额归还贷款本息的一种还款方式。此种方法又分为等额递增还款法和等额递减还款法：如果预期未来收入增加，借款人可采取等额递增还款法，增加累进额、缩短间隔期，减少利息负担；如果预期未来收入水平下降，借款人可采取等额递减还款法，减少累进额、扩大间隔期，减轻还款压力。

（六）组合还款法

组合还款法是一种将贷款本金分段偿还，根据资金的实际占用时间计算利息的一种还款方式。根据未来的收支情况，借款人首先将整个贷款本金按比例分成若干偿还阶段，然后确定每个阶段的还款年限。在还款期间，商业银行将借款人每个阶段约定偿还的本金在规定的年限中按等额本息的方式计算每月偿还额，未归还的本金部分按月计息，两部分相加即形成每月的还款金额。

### 六、担保方式

按照法律规定，客户提供的担保方式包括保证、抵押、质押等。

担保措施是借款人的第二还款来源，当借款人第一还款来源出现问题时，可以起到分散和补偿贷款风险的作用。担保可以说是商业银行为自己买的保险。作为第二还款来源，担保措施虽然分散了贷款风险，但是却不能从根本上消除贷款风险，其不能取代对借款人的信用分析，并且从实践中的情况来看，一旦借款人的第一还款来源出现问题，商业银行主张担保权利往往也不会很顺利，会花费一定的时间，投入人力和物力。

## 第四节　商业银行信贷部门的组织机构

商业银行信贷业务涉及的部门包括：信贷管理部门（个人业务部及公司业务部）、信贷业务部门、风险监控部门、资产保全部门、会计部门、国际业务部门和稽核部门等。各部门主要职责如下：

### 一、信贷管理部门（个人业务部及公司业务部）主要职责

（一）贯彻执行国家和本行信贷政策、制度，以本行现行制度、规定为准开展工作。

（二）研究拟定授信工作规划，研究分析当地经济形势和行业发展趋势，调查分析授信业务投向。

（三）拟定并组织实施有关授信管理实施细则。

（四）检查和督导本行正常类授信客户定期和不定期监控工作。

（五）具体实施对本行授信人员的业务培训和考核。

（六）检查和考核授信经营部门执行授信规章制度的情况，提出相应的管理建议及整改要求。

（七）协助授信经营部门发现或识别授信客户的特殊预警信号并提出预警措施建议。

（八）收集整理和上报在授信审查、检查过程中或通过其他途径采集的风险信息。

信贷管理部门负责人为审查主责任人；行长或经授权的副行长为审批主责任人。

## 二、信贷业务部门主要职责

（一）受理客户提出的贷款申请。

（二）对客户进行贷前调查。

（三）对于审批后合格的信贷业务，同客户签订借款合同和担保合同。

（四）对客户进行贷后定期和不定期监控。

（五）负责贷款风险分类的基础工作、相关信贷业务报表的统计分析和上报。

（六）会同有关部门组织、落实公司客户代收、代付等中间业务的市场营销。

（七）负责收集与本部门相关的信息资料，并加以汇总、分析，与有关部门共享，并及时向领导提出建议。

信贷业务部门建立主责任人制度，负责人为调查主责任人。

## 三、风险监控部门主要职责

（一）根据采集的风险信息或排查的特殊预警信号，进行风险分类。

（二）对列入风险监察名单的授信客户风险状况和减持退出计划的落实情况进行持续监控、检查和汇总分析。

（三）收集整理和上报在授信风险监控过程中或通过其他途径采集的风险信息。

（四）向授信经营部门提示客户所处行业和市场变化、法律法规变化、国家政策调整和客户经营管理等变化形成的风险信息。

（五）负责审核授信业务五级分类准确性，监控授信客户情况变化和五级分类迁徙变化。

## 四、资产保全部门主要职责

（一）负责对正常贷款情况进行检查，提出预警措施，帮助信贷业务部门做好风险防范工作。

（二）对具有风险的贷款进行逐笔检查，分析其原因，与授信经营部门共同研究，提出转化风险的具体措施，报主管行长审定。

（三）负责不良贷款重组手续。



（四）负责对问题类客户实施法律诉讼。

## 五、会计部门主要职责

（一）配合信贷、财会等部门，做好信贷资金的管理、运作和收息、收贷、费用开支及现金管理工作。

（二）负责收集与本部门相关的信息资料，并加以汇总、分析，与有关部门共享，并及时向领导提出建议。

## 六、国际业务部门主要职责

国际业务部门主要负责受理国际信贷业务申请，国际结算项下技术条款的审查、外汇管理政策的审查及国外代理行风险的认定等。

例如，在信用证业务中，国际业务部门的主要工作是根据信贷业务部门客户经理提出的调查意见，审核客户是否符合开证资格、开证条件及信用证条款等。

## 七、稽核部门主要职责

（一）对会计、出纳、信贷等业务的执行情况和业务办理情况进行稽核。

（二）对有价证券、印章、密押、重要空白凭证的保管、领用、使用、销号及交接情况进行稽核。

**【实训】**

由四五名学生组成一个授信小组，到三家商业银行进行实地调研。调研内容主要有：

1. 了解各家商业银行发放的贷款的具体品种，包括贷款品种名称、申请条件、利率、期限、还款方式等。

2. 了解各家商业银行信贷业务操作流程。

3. 了解各家商业银行信贷部门的组织机构。

4. 了解各个信贷部门的职责及权限。

5. 了解各个信贷部门的应聘条件。

# 第二章　商业银行信贷业务基本操作流程

☞　**学习目标**

1. 了解客户申请贷款应具备的资格和基本条件。
2. 通过各种途径和方法,能够对客户开展贷前调查,掌握客户的真实情况。
3. 掌握个人客户与公司客户贷款审批的程序。
4. 掌握借款合同的主要条款及内容,了解填写借款合同的注意事项。
5. 理解贷后检查的主要内容。

☞　**重点难点**

1. 能够对客户提交的资料进行初审。
2. 根据调查掌握的资料,撰写详尽的贷前调查报告。
3. 按要求签订借款合同,并规范填写。
4. 借款合同签订后,及时落实担保或交付等手续。
5. 审核贷款支付条件及方式,正确填写贷款凭证,审核放贷资料。

## 第一节　申请与受理阶段

商业银行信贷客户经理需要面谈了解借款人的真实情况,如借款人的主体资格和基本条件等。通过与客户的交流及对客户提交资料的初审,信贷客户经理判断借款人的主体资格是否符合要求,提交的材料是否完整、规范。

### 一、客户提出借款申请

该环节可以是客户主动到商业银行申请信贷业务,也可以是商业银行接受客户的咨询后,主动向客户营销信贷产品,请客户向商业银行提出信贷申请。

## 二、信贷客户经理与客户面谈

贷款面谈是商业银行贷款甄别过程的第一步。通过面谈，可以确定是否需要开展后续贷款调查工作。面谈时，信贷人员不必对客户进行面面俱到的调查，在后续的贷款审查过程中，商业银行还有足够的时间来获取基本的信息。

### （一）面谈准备

初次面谈前，调查人员应当做好充分准备，按照国际通行的信用"6C"原则，即品德（character）、能力（capacity）、资本（capital）、担保（collateral）、环境（condition）、控制（control），拟定详细的面谈记录提纲。

### （二）面谈内容

信贷客户经理应至少与客户面谈一次，当面核验借款申请人的身份，以便评估贷款用途与贷款申请意愿的真实性。面谈时，信贷客户经理须认真做好谈话记录，并由借款申请人（含共同借款申请人）和信贷客户经理共同签字确认，同时核对借款申请人的签名笔迹是否与申请书上的相符。

面谈内容主要包括：个人或公司的基本状况、贷款需求情况、还贷能力、抵押品的可接受性及与商业银行的关系等。若客户的贷款申请可以考虑，则信贷客户经理准备后续调查工作，但不可越权做出承诺；若客户的贷款申请不予考虑，则信贷客户经理应当表明立场，建议其他融资渠道，寻找其他合作机会。

## 三、借款人需提交的申请资料

### （一）个人贷款的申请资料

商业银行应要求借款人以书面形式提出个人借款申请，并要求借款人提供以下资料：

**1. 个人借款申请书**

借款人依据贷款银行的要求填写个人借款申请书内容。具体的个人借款申请书内容以各个商业银行要求为准。

**2. 个人提交的基本材料**

（1）借款人基本情况：借款人有效身份证件（原件、复印件）；当地常住户口或有效居留身份的证明材料；军官证；在中国大陆有居留权的境外自然人的护照、探亲证、返乡证等居留证件或其他身份证件；有配偶的，应同时提交结婚证（原件、复印件）、配偶的身份证明(原件、复印件)。

(2)借款人具有稳定经济收入的证明或偿债能力证明(包括商业银行认可的工资单、税单、纳税证明等)。

(3)抵(质)押物价值及变现能力或保证人担保意愿、担保能力证明。以财产抵押或质押担保的,应提供抵(质)押物的权属证明、商业银行认可部门出具的抵(质)押物估价证明;质物原件;有权处分人同意抵押或质押的证明。由自然人提供保证担保的,应提供保证人身份证件、户籍证明、收入证明;由法人提供保证担保的,应提供保证人的营业执照、法人代码证、公司章程、近期财务报表以及公司董事会或股东大会同意提供担保的决议等。

(4)借款用途证明(购买合同、协议、发票、收据等)或借款用途声明。

(5)有共同申请人的,还应提供共同申请人的相关资料。

**3. 各贷款品种规定的额外资料**

(1)申请个人住房、商铺贷款时,借款人必须提供商品房购房合同或商品房买卖契约,以及首付款证明(发票及银行交款单)。

(2)申请个人留学贷款时,必须提供国外留学学校出具的入学通知书或其他有效入学证明,如已办妥留学学校所在国入境签证的中华人民共和国护照。

(3)申请个人装修贷款时,必须提供装修合同、装修预算书以及首付款证明(发票及银行交款单)。

(4)申请个人耐用消费品贷款时,必须提供耐用消费品购销合同以及首付款证明(发票及银行交款单)。

(5)申请个人经营类贷款时(商铺贷款除外),必须提供营业执照、税务登记证、购销合同和财务报表等。

以上所有借款人及保证人提交的申请资料必须是原件,确认材料真实性后,原件返还,复印件留存。

(二)公司贷款的申请资料

**1. 公司借款申请书**

借款申请书应写明的内容有:借款单位名称、借款金额、借款币种、借款期限、借款利率、借款原因、还款来源、还款保证、自有资金情况、还款计划等事项,详细内容见例2-1。

**【例 2－1】 商业银行信贷业务申请书**

商业银行信贷业务申请书

<table>
<tr><td>客户全称</td><td colspan="3"></td><td colspan="2">组织机构代码</td><td colspan="2"></td></tr>
<tr><td>注册地址</td><td colspan="2"></td><td>经营地址</td><td colspan="4"></td></tr>
<tr><td>主营业务</td><td colspan="2"></td><td>注册资本</td><td colspan="2"></td><td colspan="2">贷款卡号</td></tr>
<tr><td rowspan="3">主要经营者及联系方式</td><td colspan="2">法定代表人</td><td></td><td colspan="2">手机、直线电话</td><td colspan="2"></td></tr>
<tr><td colspan="2">授权代理人</td><td></td><td colspan="2">手机、直线电话</td><td colspan="2"></td></tr>
<tr><td colspan="2">财务负责人</td><td></td><td colspan="2">手机、直线电话</td><td colspan="2"></td></tr>
<tr><td rowspan="3">开户行名</td><td colspan="2">人民币基本账户</td><td></td><td rowspan="3">账号</td><td colspan="3"></td></tr>
<tr><td colspan="2" rowspan="2">其他账户<br>（包括外币）</td><td></td><td colspan="3"></td></tr>
<tr><td></td><td colspan="3"></td></tr>
<tr><td rowspan="2">银行已有授信额度</td><td colspan="3">本银行：</td><td colspan="2">申请信贷业务品种</td><td colspan="2"></td></tr>
<tr><td colspan="3">其他银行：</td><td colspan="2">对外担保情况</td><td colspan="2"></td></tr>
<tr><td colspan="2">申请金额</td><td></td><td>申请期限</td><td></td><td colspan="2">是否首借</td><td>□是 □否</td></tr>
<tr><td colspan="2">借款用途</td><td colspan="6"></td></tr>
<tr><td colspan="2">还款来源和还款计划</td><td colspan="6"></td></tr>
<tr><td colspan="2">担保方式</td><td colspan="6">第三方保证：保证人｛连带责任保证 / 一般保证<br>抵押 抵押物<br>质押 抵押/权利凭证<br>保证金 保证金比例</td></tr>
<tr><td colspan="8">申请人：（公章）<br>法定代表人（授权代理人）（签章）<br>年 月 日</td></tr>
</table>

**2. 公司提交的申请材料**

商业银行信贷业务申请材料清单上的内容较多，且并未按贷款的类别进行分类，但大体上，客户需要提交的申请材料可分为基本材料和各贷款品种规定的额外材料两大类。其中，额外材料是不同信贷品种的特别要求。因此，在向公司贷款客户索要材料时，信贷客户经理应根据贷款的品种收集不同的材料，避免遗漏或重复收集，给客户或申报工作带来不必要的麻烦。

**(1)基本材料**

①企(事)业单位法人营业执照(副本及复印件)、税务证(正、副本复印件)、组织机构代码证(正、副本复印件)、开户许可证(复印件)、人民银行颁发的贷款卡或贷款证(原件、复印件)。

②法人代表身份证(原件、复印件)、法人代表的工作履历(工作经历及所任职务)、法人任职证明、法人简历、授权代理人的授权书及代理人身份证(原件、复印件)。

③股权结构(股东姓名、股东占比)、企业注册资本、成立时间、企业净资产、企业总资产；董事会成员、主要负责人、财务负责人和签字样本等。

④验资报告(复印件)、公司近三年经审计的财务报表(包括完整的附注)、近三个月的财务报表；新设法人主要股东，如有三个年度财务报告和审计报告则需提供，另外还有新设法人的验资证明等。

⑤本年度及最近月份存借款与对外担保情况；企业决定申请贷款担保的股东会决议或合伙人会议决议。

⑥特殊行业生产经营许可证(原件、复印件)。

⑦可以提供的担保方式(住宅抵押、商铺抵押、工业厂房、企业保证、存货质押、应收账款质押等的权属证明)；拟提供的反担保措施；担保人的基本情况。

⑧根据信贷业务品种和信用方式需提供的其他资料。

**(2)各贷款品种规定的额外材料**

①保证贷款需提交的资料：保证人的营业执照(副本、复印件)；保证人的财务报表，包括上年度的资产负债表、损益表和财务状况变动表以及本期的资产负债表和损益表；保证人同意保证的证明书(需加盖公章)。

②抵(质)押贷款需提交的资料：抵(质)押物的详细目录、产权(所有权)证明；抵押物与动产质物的价值证明；经商业银行指定中介机构出具的抵押物与动产质物的评估报告；权利质物鉴定书；登记机关办理登记的证明文件和证书等。

③票据贴现融资应出具承兑的汇票(银行承兑汇票或商业承兑汇票)。

## 四、材料初审与移交

信贷客户经理对客户进行资格初审、要求客户提交有关材料后，按《信贷业务申请材料清单》清点材料是否齐全，审查内容主要包括：

### (一)个人贷款

1. 提交的材料是否齐全,要素是否符合商业银行的要求。

2. 客户及保证人、出质人、抵押人的身份证件是否真实、有效。

3. 担保材料是否符合商业银行相关规定。

经初审符合要求后,进入调查评价阶段。

在受理客户申请后:如果客户提交的材料不完整或不符合规定,那么信贷客户经理应做好解释工作,并要求其及时补齐材料或重新提供材料;如果初步审查合格,那么信贷客户经理将用于核对的原件退回客户,在《受理评价工作交接单》上的受理栏内填写受理时间并签字,接下来再进入贷前调查阶段。整个受理过程,一般应在2—3个工作日内完成。

### (二)公司贷款

1. 企业经营的合法性。企业是否具有法人资格;对具有法人资格的企业应检查其营业执照批准的营业范围与实际经营范围是否相符,加盖的公章是否清晰;企业名称与营业执照和贷款卡(证)上的名称是否一致。

2. 企业经营的独立性。企业是否实行独立经济核算、单独计算盈亏,是否有独立的财务计划和会计报表。

3. 企业及其生产的主要产品是否属于国家产业政策发展序列。

4. 企业经营的效益性。企业会计决算是否准确,是否符合有关规定,企业财务成果的现状及趋势如何。

5. 企业资金使用的合理性。企业流动资金、固定资金是否分口管理;流动资金占用水平及结构是否合理,有无被挤占、挪用。

6. 新建、扩建企业。扩大生产能力部分所需流动资金的30%是否已筹足,如暂时不足,是否已制订在短期内补足的计划。

# 第二节　贷前调查阶段

商业银行确定借款人所携带的资料齐全并且符合要求后,受理借款人的贷款申请,对借款人提供的相关资料进行调查。

## 一、贷前调查的方法

### (一)现场调研法

现场调研是一种比较直接的贷前调查方法,通过直接走访客户、现场会谈等方式,充分了解客户的产品生产、经营理念、发展思路、内部管理、固定资产、财务信息等方方面面。信贷客户经理应根据客户提交的资料深入到企业厂房、车间和库房，实地调查借款申请人的生产环境和流程，掌握产品质量和原材料及产成品的库存状况，实地考察借款申请人提交的材料的真实性。

在现实情况中，因为实地调查工作的成果最终都体现为贷前调查报告里的文字描述和数据分析，所以贷款审批人无法对借款申请人的真实情况形成直观的判断，对信贷客户经理是否真正做到了实地调查也无从判断。绝大部分商业银行会要求信贷客户经理将现场调查影像上传至处理中心，以供审批部门参考备案。拍摄内容有：(1)企业生产经营场所。(2)主要存货、机器设备、生产原料。(3)客户及其雇员工作的场景。(4)信贷客户经理与借款申请人谈判的合照。(5)当地标志性建筑或景物。(6)在签署联保协议时要求信贷客户经理与联保小组成员合影；在签署借款与担保合同时，要求信贷客户经理与借款人、保证人合影。

### (二)搜寻调查法

搜寻调查是一种间接的贷前调查方法，通过各种媒介(互联网、书籍、期刊、报纸)搜集与客户相关的资料，采用此种方法调查时需保证信息来源的权威性和全面性。

### (三)委托调查法

委托调查法是指商业银行委托外部中介机构或借助行内网络而开展调查的一种方法。

### (四)其他方法

除了上述三种调查方法外，信贷客户经理还可以通过商会等行业协会或者政府职能部门(工商行政管理局、税务局、公安局等)，甚至是客户的竞争对手来获取有价值的信息，全面深入了解客户的真实情况。

## 二、贷前调查的业务流程

### (一)客户系统查询

1. 借助联网核查公民身份信息系统核实借款人身份的真实性。

2. 进入中国人民银行个人或企业信用信息基础数据库查询。

对于个人贷款申请人，调查人需掌握借款申请人基本身份信息，本人及其配偶和共同借款申请人在金融机构的借款、担保情况，有无重大涉法涉诉案件，有无不良信用记录等。



对于公司贷款申请人，调查人需掌握企业及关联企业的基本信息和财务指标，法人代表、股东、高管及他们的配偶在金融机构的借款、担保情况，有无重大涉法涉诉案件，企业质检、环保信息，企业缴纳各类社保费用及住房公积金信息，企业拖欠工资、缴纳电信信息等。

在审查报告中，调查人要对以上情况做专门陈述，并将中国人民银行信用信息基础数据库查询记录附后作为佐证，如例 2－2 所示。

**【例 2－2】　个人信用报告(银行版)**

个人信用报告(银行版)

报告编号：　　　　查询请求时间：　　　　报告时间：

| 被查询者姓名 | 被查询者证件类型 | 被查询者证件号码 | 查询操作员 | 查询原因 |
|---|---|---|---|---|
| | | | | |

一、个人基本信息

身份信息

| 性别 | 出生日期 | 婚姻状况 | 手机号码 | 单位电话 | 住宅电话 | 学历 | 学位 |
|---|---|---|---|---|---|---|---|
| | | | | | | | |
| 通信地址 | | | 户籍地址 | | | | |
| | | | | | | | |

配偶信息

| 姓名 | 证件类型 | 证件号码 | 工作单位 | 联系电话 |
|---|---|---|---|---|
| | | | | |

居住信息

| 编号 | 居住地址 | 居住状况 | 信息更新时间 |
|---|---|---|---|
| 1 | | | |
| 2 | | | |
| 3 | | | |

职业信息

| 编号 | 工作单位 | | | | 单位地址 | |
|---|---|---|---|---|---|---|
| 1 | | | | | | |
| 2 | | | | | | |
| 编号 | 职业 | 行业 | 职务 | 职称 | 进入本单位年份 | 信息更新时间 |
| 1 | | | | | | |
| 2 | | | | | | |

二、信息概要

（一）信用提示

信用提示内容

| 个人住房贷款笔数 | 个人商用房（包括商住两用房） | 其他贷款笔数 | 首笔贷款发放月份 | 贷记卡账户数 | 首张贷记卡发卡月 | 准贷记卡账户数 | 首张准贷记卡发卡月 | 本人声明数目 | 异议标注数目 |
|---|---|---|---|---|---|---|---|---|---|
| | | | | | | | | | |
| | | | | | | | | | |

（二）逾期及违约信息概要

逾期（透支）信息汇总

| 贷款逾期 | | | | 贷记卡逾期 | | | | 准贷记卡60天以上透支 | | | |
|---|---|---|---|---|---|---|---|---|---|---|---|
| 笔数 | 月份数 | 单月最高逾期总额 | 最长逾期月数 | 账户数 | 月份数 | 单月最高逾期总额 | 最长逾期月数 | 账户数 | 月份数 | 单月最高透支总额 | 最长透支月数 |
| | | | | | | | | | | | |

（三）授信及负债信息概要

未结清贷款信息汇总

| 贷款法人机构数 | 贷款机构数 | 笔数 | 合同总额 | 余额 | 最近6个月平均应还款 |
|---|---|---|---|---|---|
| | | | | | |

未销户贷记卡信息汇总

| 发卡法人机构数 | 发卡机构数 | 账户数 | 授信总额 | 单家行最高授信额 | 单家行最低授信额 | 已用额度 | 最近6个月平均使用额度 |
|---|---|---|---|---|---|---|---|
| | | | | | | | |

未销户准贷记卡信息汇总

| 发卡法人机构数 | 发卡机构数 | 账户数 | 授信总额 | 单家行最高授信额 | 单家行最低授信额 | 透支余额 | 最近6个月平均透支余额 |
|---|---|---|---|---|---|---|---|
| | | | | | | | |

三、信贷交易信息明细

（一）贷款

2015年10月12日××银行发放的300 000元（人民币）其他贷款，业务号K，抵押担保，60期，按月归还，2020年10月12日到期，截至2018年9月24日。

| 账户状态 | 五级分类 | 本金余额 | 剩余还款期数 | 本月应还款 | 应还款日 | 本月实还款 | 最近一次还款日期 |
|---|---|---|---|---|---|---|---|
| | | | | | | | |

| 当前逾期期数 | 当前逾期金额 | 逾期31—60天未还本金 | 逾期61—90天未还本金 | 逾期91—180天未还本金 | 逾期180天以上未还本金 |
|---|---|---|---|---|---|
| | | | | | |

| 2016年10月—2018年8月的还款记录 | | | | | | | | | | | | | | | | | | | |
|---|---|---|---|---|---|---|---|---|---|---|---|---|---|---|---|---|---|---|---|
| | | | | | | | | | | | | | | | | | | | |

（二）贷记卡

2010 年 7 月 14 日××银行发放的贷记卡（人民币账户），业务号 M，授信额度 10 000元，共享授信额度 0 元，信用/免担保，截至 2018 年 9 月 24 日。

<table>
<tr><td colspan="4">账户状态</td><td colspan="4">已用额度</td><td colspan="4">最近 6 个月平均使用额度</td><td colspan="4">最大使用额度</td><td colspan="4">本月应还款</td></tr>
<tr><td colspan="4"></td><td colspan="4"></td><td colspan="4"></td><td colspan="4"></td><td colspan="4"></td></tr>
<tr><td colspan="4">账单日</td><td colspan="4">本月实还款</td><td colspan="4">最近一次还款日期</td><td colspan="4">当前逾期期数</td><td colspan="4">当前逾期金额</td></tr>
<tr><td colspan="4"></td><td colspan="4"></td><td colspan="4"></td><td colspan="4"></td><td colspan="4"></td></tr>
<tr><td colspan="20">2016 年 10 月—2018 年 8 月的还款记录</td></tr>
<tr><td></td><td></td><td></td><td></td><td></td><td></td><td></td><td></td><td></td><td></td><td></td><td></td><td></td><td></td><td></td><td></td><td></td><td></td><td></td><td></td></tr>
</table>

（三）准贷记卡

2014 年 2 月 5 日××银行发放的准贷记卡（人民币账户），业务号 N，授信额度 30 000 元，共享授信额度 0 元，信用/免担保，截至 2018 年 9 月 24 日。

<table>
<tr><td>账户<br>状态</td><td>透支<br>余额</td><td>最近 6 个月<br>平均透支余额</td><td>最大透支<br>余额</td><td>账单日</td><td>本月实<br>还款</td><td>最近一次<br>还款日期</td><td>透支 180 天<br>以上未付余额</td></tr>
<tr><td></td><td></td><td></td><td></td><td></td><td></td><td></td><td></td></tr>
<tr><td colspan="8">2016 年 10 月—2018 年 8 月的还款记录</td></tr>
</table>

| | | | | | | | | | | | | | | | | | | | |
|---|---|---|---|---|---|---|---|---|---|---|---|---|---|---|---|---|---|---|---|
| | | | | | | | | | | | | | | | | | | | |

（四）查询记录

查询记录汇总

<table>
<tr><td colspan="2">最近 1 个月内的查询机构数</td><td colspan="3">最近 1 个月内的查询次数</td><td colspan="3">最近 2 年内的查询次数</td></tr>
<tr><td>贷款<br>审批</td><td>信用卡<br>审批</td><td>贷款<br>审批</td><td>信用卡<br>审批</td><td>本人<br>查询</td><td>贷后<br>管理</td><td>担保资<br>格审查</td><td>特约商户<br>实名审查</td></tr>
<tr><td></td><td></td><td></td><td></td><td></td><td></td><td></td><td></td></tr>
</table>

信贷审批查询记录明细

| 编号 | 查询日期 | 查询操作员 | 查询原因 |
|---|---|---|---|
| 1 | | | |
| 2 | | | |

## (二)审查资料

### 1. 个人客户申请资料的审查

**(1)职业调查**

个人贷款的主要还款来源为借款申请人的未来收入,若借款申请人无固定职业或失业,则其没有稳定的收入或无收入,偿债能力就值得怀疑。在调查借款申请人职业时,商业银行不仅要掌握借款申请人从事何种职业,而且还要考察该职业的稳定性。通常,一个人在某一职位上工作的时间越长,其经济状况越稳定;反之,若一个人频繁地换工作,则说明其经济状况不太稳定,收入来源没有保障。

**(2)收入来源调查**

①须认真核实借款申请书上填报的收入与借款申请人的实际收入是否相符。
②详细调查借款申请人的家庭总收入。
③掌握借款申请人的财产状况,如房屋、汽车、存款、有价证券、收藏品、遗产等。

**(3)支出情况调查**

①调查借款申请人除个人贷款之外的正常消费支出情况。
②了解借款申请人的其他大额债务支出情况。
③分析借款申请人的其他大额特殊支出情况。

**(4)贷款用途调查**

审查借款申请人提交的贷款用途证明材料的真实性,关注与贷款用途密切相关的一些业务,以防止个别工程项目公司、装修公司、商贸公司、房产中介等借款申请人外部单位借助虚构交易来套取商业银行信贷资金。

**(5)担保情况调查**

参照第五章相关内容。

**2. 公司客户申请资料的审查**

**(1)审查信贷业务申请书的真实性与合法性**

①审查客户提供的企(事)业法人营业执照是否真实有效。

②审查信贷业务品种、金额、币种、期限、担保方式、还款方式是否与协商的内容一致。

③审查申请书上加盖的公章是否清晰,其与企业法人营业执照、贷款卡(证)上的企业名称是否一致。审查法定代表人或授权委托人的签章是否真实有效。

④审查贷款用途的合法性。

⑤审查申请书上的内容是否填写完整,客户的住所地址和联系电话是否真实有效。

**(2)审查基本资料的真实性与合法性**

①审查企业印章、法定代表人姓名与企业法人营业执照中的记载是否一致。如有出入,应以企业法人营业执照的记载为准。

②审查企业法人营业执照、贷款卡(证)等法律文件是否在有效期内办理年检以及上述证照有无被吊销、注销、声明作废等情况。

③审查公司章程。注意以下事项:第一,公司章程是否为原件,是否为最新制定。第二,在公司章程中,是否有"借款须经公司董事会或股东会决议"的相关规定。第三,明确公司申请借款或对外提供担保的决策机构是董事会还是股东会。第四,对董事会或股东会召集程序的规定是否合法。第五,在董事会中,有个别董事未能出席会议的,要注意收集其授权委托书。

④审查董事会决议或股东会决议。决议内容主要包括贷款银行、信贷品种名称、借款金额、借款期限、借款用途、抵押(质押)的财产或权利名称等,并要求参加董事会或股东会的人员签字。董事会决议和股东会决议的样式参见例2-3和例2-4。

## 【例 2－3】 董事会决议

董事会决议

| |
|---|
| 董事会决议<br>一、会议主题：关于本公司申请贷款、申请保证担保及提供反担保之事宜<br>二、会议时间：________年________月________日<br>三、会议地点：________________________<br>四、与会董事：________、________、________、__________、________<br>董事会会议应到董事________名，实到董事________名，符合公司法及本公司章程规定。<br>五、决议<br>与会董事经审议，表决一致通过以下决议：<br>1. 董事会同意向__________________银行____________支行申请借款________万元，借款期限为________年，借款用途为____________________。<br>2. 董事会同意向××公司申请贷款担保。<br>3. 董事会同意提供以下反担保措施：<br>①____________________________________________<br>②____________________________________________<br>③____________________________________________<br><br>董事签章：<br>____________________公司（公章）<br>年　　月　　日 |

**【例2-4】 股东会决议**

股东会决议

股东会决议

一、会议时间：________年________月________日

二、会议地点：________________________

三、与会股东：________、________、________、________、________

股东会会议应到股东________名，实到股东________名，符合公司法及本公司章程规定。

四、会议议题：关于本公司申请贷款、申请保证担保及提供反担保之事宜

五、决议

与会股东经审议，表决一致通过以下协议：

1. 股东会同意向____________银行________支行申请借款________万元，借款期限为________年，借款用途为____________________。

2. 股东会同意向××公司申请贷款担保。

3. 股东会同意提供以下反担保措施：

①________________________________

②________________________________

③________________________________

股东签章：

________________公司（公章）

年　　月　　日

⑤审查财务报表，核对财务报表上加盖的公章是否清晰，其与企业法人营业执照、贷款卡（证）上的企业名称是否一致，核对是否有财政部门的核准意见或会计（审计）师事务所的审计报告。

**（3）调查客户的偿债能力**

参照第六章相关内容。

**（4）调查担保的真实性与合法性**

参照第五章相关内容。

（三）现场调研

在实务操作中，建议信贷客户经理采用突击检查方式对民营业主、个体工商户、农户等进行现场调研。现场调研不仅可以通过深入借款申请人的厂房或经营场所进行实地考察，还可以通过与企业雇员、主要供应商、销售商、竞争对手等的交谈了解借款申请人的实际生产经营和盈亏情况。

（四）编制家庭资产负债表和月度收支表

依据中国人民银行的规定，借款申请人的每月贷款还款额最高为家庭月收入额的50%，对于负担较重或家庭总收入低的借款申请人，这一比例还应降低。家庭资产负债表和月度收支表的具体内容见表2－1和表2－2。

表2－1 家庭资产负债表

| 资产 | 金额（元） | 负债 | 金额（元） |
|---|---|---|---|
| 1. 现金及现金等价物 | | 1. 贷款 | |
| 现金 | | 商业性个人住房贷款 | |
| 银行存款 | | 公积金个人住房贷款 | |
| 其他 | | 教育贷款 | |
| 2. 金融资产 | | 消费贷款 | |
| 股票 | | 其他 | |
| 债券 | | 2. 税务 | |
| 基金 | | 3. 其他 | |
| 其他 | | | |
| 3. 实物资产 | | | |
| 车辆 | | | |
| 房产 | | | |
| 其他 | | | |
| 总资产 | | 总负债 | |
| 净资产 | | | |

表 2-2 家庭月度收支表

| 项目收支 | 项目 | 金额(元) | 所占比例(%) |
| --- | --- | --- | --- |
| 收入 | 工资 | | |
| | 奖金 | | |
| | 其他 | | |
| 小计 | | | |
| 支出 | 日常生活费(衣、食、住、行) | | |
| | 还贷 | | |
| | 保险 | | |
| | 其他 | | |
| 小计 | | | |
| 每月盈余 | | | |

## (五)撰写贷前调查报告

### 1. 贷前调查报告的撰写要求

(1)主题鲜明。贷前调查报告的主题为该笔授信业务的可行性及授信额度、期限、利率的合理性。因此,贷前调查报告应紧紧围绕主题进行阐述,有理有据,有事实有分析,有问题有建议,有说明有结论。

(2)重点突出。贷前调查报告的好坏不在于篇幅的长短而在于是否重点突出,重点多集中于借款申请人的资本情况、资产情况、财务状况、产品销售、偿债能力等方面。授信业务品种不同,贷前调查报告突出的重点也不同,应根据具体情况有的放矢。

(3)实事求是。贷前调查报告应以事实为依据,真实准确地反映借款申请人和贷款项目的基本情况。信贷客户经理要将调查研究的客观情况详细地反映在调查报告中,做到有据可查、不替借款申请人遮掩缺点、不夸大优点。

(4)切中要害。贷前调查报告不能只写优势而不提劣势,不能只夸成绩而不查找问题。就像人无完人,再好的企业也会存在不足,再盈利的项目也会存在风险。贷前调查报告并不是为了美化客户,而是应该明确指出该笔授信业务的风险点,以便为信贷决策打好基础。

(5)条理清晰,主次分明。在撰写贷前调查报告时,信贷客户经理并不是要被动地将客户情况一一对应填入固定模板中,而是应有条有理地将客户的基本资质、经营状况、盈利状况、偿债能力等真实信息进行合理安排，展现在受众眼前。贷前调查报告不仅要条理清晰，还要观点鲜明、结构合理、主次分明。信贷客户经理一定不要只看表面，而是应深入分析客户，论点论据充实。

**2. 贷前调查报告的结构**

目前，贷前调查报告主要有两种常见格式：表格式贷前调查报告与制作式贷前调查报告。前者的格式固定、易填写，主要用于借贷金额小、业务相对简单的授信业务；后者因灵活性高而被商业银行广泛采用。制作式贷前调查报告主要由以下三部分组成：

(1)标题。标题通常采用公文式标题的写法，包含信贷机构名称、借款申请人姓名、贷款种类、贷款金额等信息，如“关于××公司申请××万元项目融资贷款的调查报告”。标题尽量简单明了，让受众一目了然。

(2)正文。正文是调查报告的重点部分，主要写明针对借款申请人而开展的调查内容。

(3)结尾。结尾主要写明两项内容：一是调查人的签名；二是调查报告的制作时间，具体到年月日。

**3. 个人客户贷前调查报告**

**(1)个人消费类贷款贷前调查报告的主要内容**

个人消费类贷款贷前调查报告的正文主要撰写以下内容：借款申请人概况、借款申请人还款保障、综合意见等。

**(2)个人经营性贷款贷前调查报告的主要内容**

个人经营性贷款贷前调查报告的正文主要撰写以下内容：

①借款申请人基本情况。写清个体工商户或农户的姓名、性别、年龄、现住址、受教育程度、职业、专业技能、家庭成员、信用状况等。

②资产负债情况。写清个体工商户或农户的家庭固定资产状况(包括具体名称、数量、面积、位置、购建时间、现价值等)，流动资产现状、应收货款、现金，机械设备名称、数量、现价值，负债金额、形态、欠息金额，资产负债比，等等。

③家庭经营状况。写清家庭生产经营项目、投资规模、经营周期、产值、销售收入及利润等情况。

④贷款方式。采用保证方式担保的，写清担保人基本情况与资产负债状况，评估其担保资格；采用抵押方式担保的，写清抵押物的名称、地点、数量、估价等。若抵押物为房产，须写明其结构、坐落位置、间数、层数、面积，并附简易平面图。

⑤调查结论。写清调查后对以上各项做出的总体评价。

**4. 法人客户贷前调查报告**

法人客户贷前调查报告的正文主要撰写以下内容:

(1)基本情况。法人客户的基本情况包括:客户类型、工作单位名称、地址;行业属性、企业代码、单位地址、成立日期;存款账号、开户时间;法定代表人、财务负责人、职工人数;营业执照号码、注册资本、注册资金、股份的主要构成;经济性质、经营方式、经营范围;关联企业或关联人物的情况;等等。

(2)经营状况和财务情况。经营状况包括:主要生产产品目录与主要经营商品目录。前者包括产品名称、规格、型号、月产量、月产值,主要原材料的名称、产地、月耗量,主要辅材料的名称、产地、月耗量,销售价格、主要销售对象,研究开发能力,行业情况,重大事项记录,等等。后者包括经营商品名称、规格、型号、月销量、销售价格、主要供货单位和销售对象等。财务情况包括:报表类型、近三年主要财务数据及财务指标分析等。

(3)银企往来及信誉情况。这部分主要包括:客户在本行的资金往来情况;在其他金融机构的资金往来情况;贷款卡号码、贷款证到期日、贷款卡查阅情况;银企关系及信誉评价;等等。

(4)担保情况分析。采用保证担保方式的,须写清保证人的基本情况、资产负债状况、担保资格、代偿能力等。采用抵(质)押担保的,须写清抵(质)押物的名称、所在地、数量、质量、权属、租赁、评估价值、变现能力等。

(5)贷款用途及还款来源。这部分主要分析贷款用途的合理性、项目的可行性、企业的还款计划,测算资金缺口和还款来源,等等。

(6)风险分析及防范措施。风险主要包括政策风险、法律风险、行业风险、财务风险、经营管理风险、道德风险等。

(7)综合收益测算。综合收益包括利息收入、存款收益、中间业务收入和其他收益(包括与借款申请人相关的其他客户的开发、社会知名度的扩大等)。

(8)调查结论。信贷客户经理对以上各项做出总体评价,写明:(1)是否发放贷款;(2)如果可以发放贷款,则贷款金额、期限、利率、还款方式如何。

(9)调查人签名。贷前调查必须有两名以上信贷客户经理参加,凡是参与调查的信贷客户经理都要在报告上签名,并写清调查时间。

# 第三节 审查与审批阶段

《中华人民共和国商业银行法》第 35 条规定:“商业银行贷款,应当实行审贷分离、分级审批的制度。”

## 一、审贷分离

审贷分离是指将贷款调查和贷款审查两个环节完全分离,由不同层次机构和不同部门(岗位)承担,以充分发挥信贷审查人员的专业优势并实现相互制约的一种信贷管理制度。在商业银行的实际操作中,审贷分离的具体形式如下:

### (一)岗位分离

通常,基层经营单位(如信贷规模较小的支行)受人员数量的限制,无法设立单独的信贷审查部门,但须设置信贷业务岗和信贷审查岗,由信贷审查岗行使贷款审查职能。

### (二)部门分离

较高层级的单位(如分行、总行)须分别设置信贷业务经营部门和授信审查部门。由信贷业务经营部门行使贷前调查和贷款管理的职能,而由授信审查部门进行贷款审查。

### (三)地区分离

一些商业银行会设立地区信贷审批中心,专门负责某个地区辖内机构超权限的贷款审批工作,借助地区分离、异地操作来保证贷款审批的独立性。

## 二、分级审批

1996 年施行的《贷款通则》第 41 条规定:“贷款人应当根据业务量大小、管理水平和贷款风险度确定各级分支机构的审批权限,超过审批权限的贷款,应当报上级审批。”分级审批的要点是,商业银行应按照其各级行的资产或负债规模和结构、授信额度、经营管理水平而设定贷款审批权限,各级行不得超权限审批。同时,商业银行也规定了特事特办制度,即对那些同业竞争激烈的优良客户,需要简化手续、缩短程序,而商业银行现有制度未有相关规定或需要突破商业银行现有政策制度的信贷业务,可以实行特事特办制度,由总行行长审批。

## 三、商业银行贷款业务审查与审批

经过多年实践，贷款审查工作已经嵌入到商业银行各项贷款业务的管理过程中，审查人员积累了丰富的审查经验。根据“三了解”的原则（即了解客户、了解客户的业务、了解客户的风险），贷款审查应重点关注以下内容：

### （一）基本要素审查

1. 审核借款申请人及担保人（物）的有关资料是否齐全。

2. 审核授信业务的内部运作资料是否齐备。内部运作资料包括：①对借款申请人及保证人贷款卡状态、负债、对外担保、个人信用报告等信息的查询资料；②贷前调查报告。

### （二）主体资格审查

1. 审核借款申请人及保证人的主体资格、法定代表人的相关证明材料是否合规。

2. 审核借款申请人及保证人的组织结构是否合理、产权关系是否明晰。

3. 审核借款申请人及保证人的法定代表人、主要负责人是否有不良记录。

4. 审核借款申请人的贷款决策文件是否齐备，如公司章程、股东大会决议、董事会决议、法定代表人或主要负责人的证明文件和授权委托书等。

在审查时，要特别注意两点：一是要审慎辨别借款申请人及保证人主体资格的真伪；二是要严格审查其主体资格的存续，如有些企业在变更名称登记或在工商行政管理部门注销原企业后，刻意逃废债务，导致债权人遭受损失。

### （三）授信政策审查

1. 审核贷款用途是否符合国家有关法律和政策的规定。

2. 审核贷款种类、用途、期限、额度、还款方式、利率等是否符合本行的授信政策。

### （四）授信风险审查

1. 审核客户部门测定的借款申请人的信用等级和贷款额度。通常，商业银行会将AA级及以上的客户作为信贷业务的主要营销对象，将A级客户归为基本客户，将BBB级客户确定为调整对象，对BB级及以下的客户尽快采取措施进行清户。

2. 分析并充分揭示借款申请人的行业风险、经营风险、管理风险、财务风险等。

3. 提出切实可行的规避风险的防范措施。

## 四、撰写贷款审查报告

在审查工作结束后，审查人应及时将贷款审查资料信息输入系统，并撰写审查报告，填制授信业务审查表。贷款审查报告应提出明确的贷与不贷的审查意见，若发放贷款，则要写清贷款的品种、币种、金额、期限、利率、还款方式、担保方式和有关限制性条款等。贷款审查经办人与主责任人在审查报告上签字后，连同有关资料移交贷款审查委员会审批。

对于客户部门或下级行移交的资料不齐全、调查内容不完整或不明晰的贷款业务，审查人可要求其补充齐备；对不符合国家产业政策或授信政策的贷款业务，经有权审批人批准后，审查人不再移交贷款审查委员会审批，而是将有关材料直接退回客户部门或下级行，并做好相关记录。

贷款审查报告包括以下内容：

（一）贷款方案。

（二）贷款资料审查情况，包括贷款资料完整性与贷款流程合规性的审查。

（三）借款人基本情况审查，包括借款人资格与授信情况的审查。

（四）财务风险审查，包括财务状况与还款来源的分析。

（五）非财务风险审查。

（六）担保情况审查。

（七）审查结论。

## 五、贷款审查委员会审议和审批

贷款审查委员会（简称贷审会）是行长领导下的授信业务决策议事机构，主要负责审议各业务发起单位报送的超过规定权限的各类贷款项目。

### （一）贷审会的组织结构

贷审会设主任 1 名，由行长担任；副主任委员由主管授信业务的副行长担任。贷审会实行部门委员与个人委员相结合的制度，委员不得少于 7 人。贷审会委员由客户部门、信贷管理部门、资金计划部门、风险资产管理部门、法规部门、国际业务部门的负责人和本行具有评审能力的人员组成。当部门委员的工作发生变动时，其贷审会委员的职务会同时自动变更。具有评审能力的人员须从事授信或相关业务工作 3 年以上，具有较强的评审能力，原则性强。各级行应以文件明确贷审会委员的组成，并报上级贷审会备案。贷审会下设的办公室为具体办事机构，其工作职责应列入部门职责。

### （二）贷审会的审议范围

1. 审议超过本行审批权限的贷款等形式的本、外币授信业务和公开统一授信、可循环使用授信、贷款承诺函等。

2. 审议行长认为有必要提交贷审会审议的特别授权(信)、内部授信等事项。

3. 审议按规定须提交贷审会审议的客户信用等级评定。

4. 审议经本行贷审会审议通过、行长批准的授信业务执行情况及贷后检查报告。

### (三)贷审会的工作程序

**1. 受理**

在收到信贷管理部门移交的信贷业务审查资料后,贷审会办公室须及时进行登记。

**2. 要件审核**

贷审会办公室对拟提交审议的信贷业务审查资料进行要件审查,审核内部运作资料的完整性和真实性。审核合格后,贷审会办公室须至少提前一天将审查材料发送给贷审会委员,提请会议主持人及时召开例会,并通知各委员及汇报、列席人员按时参会。若审核不合格,则贷审会办公室须要求提请审议的授信部门补充完善。

**3. 审议**

贷审会委员审议授信审查报告的主要内容和突出问题后,进行不记名投票表决。贷审会办公室做会议记录,并根据表决结果形成贷审会会议纪要,连同填制的贷审会审议表一起呈报主任委员审批。

**4. 审批**

主任委员在贷审会会议纪要和审议表上签署审批意见。主任委员可对贷审会审议通过的授信事项行使一票否决权,但不得对未通过(包括不同意或复议)的授信事项行使一票赞成权。无论投票结果如何,主任委员都有复议决定权。

**5. 批复**

根据主任委员的审批意见,贷审会办公室正式印发《贷款审查委员会会议纪要》,并起草文件或签发贷款审批意见(见例2-5、例2-6)批复申报行(部)。对审批结果为同意的授信业务,经办行可直接进入信贷发放环节。对审批结果为不同意的授信业务,申报行(部)可申请复议,但一笔信贷业务只能复议一次。

**【例 2－5】　贷款审批意见（一级分行或直属分行及以下）**

贷款审批意见（一级分行或直属分行及以下）

贷款审批意见（一级分行或直属分行及以下）

经办行（盖章）：

| |
|---|
| 信贷审查部门意见：<br><br>经办人签字：　负责人签字：　　　年　月　日 |
| 相关部门意见：<br><br>经办人签字：　负责人签字：　　　年　月　日 |
| 主管副行长意见：<br><br>签字：　　　年　月　日 |
| 贷款审查委员会意见：<br><br>主任签字：　　　年　月　日 |
| 行长审批意见：<br><br>签字：　　　年　月　日 |

**【例 2-6】 贷款审批意见(总行)**

贷款审批意见(总行)

| |
|---|
| 分行(总行营业部)意见:<br>一、审查结论:<br><br>二、附加条件或限制性条款:<br><br>负责人签章:　　　　年　　月　　日 |
| 主审查人意见:<br>一、审查结论:<br><br>二、附加条件或限制性条款:<br><br>主审查人签字:　　　　部门负责人签字:　　　年　　月　　日 |
| 总行信贷审批中心审查意见:<br>一、审查结论:<br><br>二、表决情况:<br>总行信贷审批中心审贷委员共　　　人,出席　　　人,表决　　　人。<br>表决结果为:同意　　票,不同意　　票,再议　　票。<br>三、附加条件或限制性条款(或再议条件):<br>主任签字:　　　年　　月　　日 |
| 总行信贷管理部总经理意见:<br><br>签字:　　　年　　月　　日 |

| |
|---|
| 贷款审查委员会意见：<br>一、审查结论：<br><br>二、表决情况：<br>贷款审查委员会共　　人，出席　　人，表决　　人。<br>表决结果为：同意　　票，不同意　　票，再议　　票。<br>三、附加条件或限制性条款（或再议条件）：<br>签字：　　年　　月　　日 |
| 主管副行长意见：<br><br>签字：　　年　　月　　日 |
| 行长意见：<br><br>签字：　　年　　月　　日 |

## 第四节　签订借款合同阶段

### 一、借款合同的特征

（一）借款合同的标的物是货币。
（二）借款合同是一种双务合同。
（三）借款合同通常为有偿合同。
（四）借款合同通常为诺成合同。
（五）借款合同通常为要式合同。

## 二、借款合同的主要条款

### (一)借款种类

借款种类是根据借款人的行业属性、借款用途以及资金的来源和运用方式等内容而划分的。

### (二)借款金额及币种

须填写借款本金金额及币种(人民币或外币),但不包括利息或其他费用。

### (三)借款用途

1996 年施行的《贷款通则》第 19 条规定:借款人应当按借款合同约定用途使用贷款。因此,贷款人有监督、检查贷款使用情况的权利,若一经发现贷款被挪用,则贷款人有权依照有关规定收取罚息。

### (四)借款期限

在借款合同中,借贷双方应根据借款人的生产经营周期、财务现状、偿债能力和贷款人的资金供给能力等明确约定借款期限。1996 年施行的《贷款通则》第 12 条规定:“不能按期归还贷款的,借款人应当在贷款到期日之前,向贷款人申请贷款展期。是否展期由贷款人决定。”“短期贷款展期期限累计不得超过原贷款期限;中期贷款展期期限累计不得超过原贷款期限的一半;长期贷款展期期限累计不得超过 3 年。国家另有规定者除外。借款人未申请展期或申请展期未得到批准,其贷款从到期日次日起,转入逾期贷款账户。”保证贷款、抵(质)押贷款的借款人申请展期的,保证人、抵押人、出质人须出具同意展期的书面证明。若已有约定,则按照约定执行。

### (五)借款利率和计息方式

贷款人须在借款合同中载明每笔借款的利率,借款利率不能超过规定允许浮动的上下限。通常,贷款人采用“算头不算尾”的方法来计算借款利息,即提款日计利、还款日不计利。从第一次提款日起,利息按照借款人实际提款额和提款天数计算,若为按季结息,则结息日为每季度末月的 20 日,若为按月结息,则结息日为每月的 20 日。贷款清偿时,利随本清。1996 年施行的《贷款通则》第 14 条规定:“贷款的展期期限加上原期限达到新的利率期限档次时,从展期之日起,贷款利息按新的期限档次利率计收。逾期贷款按规定计收罚息。”

### (六)提款



1. 借款合同须载明借款人提款的先决条件。提款的先决条件是指借款合同中明确规定的，只有借款人已经具备才能执行提款的一些条件或借款人每次提款时均须满足的某些条件。

2. 借款合同通常会明确规定借款人提款的具体期限。在执行提款前，借款人应提前若干天及时通知贷款人。借款人的提款权只是一种选择权而非义务，但如果借款人未按时提款，那么贷款人通常会收取贷款承诺费以弥补损失。

（七）还款

1. 借款合同须载明还款计划，借款人应依照规定按时、足额归还贷款本息。

2. 借款合同通常会明确对提前还款的一些限制，视具体情况而定，贷款人有权要求借款人支付一定比例的费用。

（八）担保

借款合同须明确载明担保方式。若在担保期间，因财务状况等一些原因导致保证人的偿债能力明显下降，或抵（质）押物因毁损等原因致使其担保能力减弱甚至丧失时，贷款人有权要求借款人更换保证人或重新提供新的抵（质）押物。贷款人既可以在借款合同中设置担保条款，也可与借款人签订担保合同。

（九）违约责任

借款合同须明确载明违约事件及处理方法，明确双方责任。按照违约主体的不同，可以分为借款人违约事件和贷款人违约事件。

**1. 借款人违约责任**

1996 年施行的《贷款通则》第 71 条规定：借款人有下列情形之一，由贷款人对其部分或全部贷款加收利息；情节特别严重的，由贷款人停止支付借款人尚未使用的贷款，并提前收回部分或全部贷款。（1）不按借款合同规定用途使用贷款的。（2）用贷款进行股本权益性投资的。（3）用贷款在有价证券、期货等方面从事投机经营的。（4）未依法取得经营房地产资格的借款人用贷款经营房地产业务的；依法取得经营房地产资格的借款人，用贷款从事房地产投机的。（5）不按借款合同规定清偿贷款本息的。（6）套取贷款相互借贷牟取非法收入的。

**2. 贷款人违约责任**

若贷款人无正当理由未按借款合同约定向借款人发放贷款资金或擅自加收、变相加收借款利息或其他费用，则借款人有权单独或同时采取以下措施：

（1）要求贷款人限期纠正上述违约事件。

（2）提前还款且不支付任何损害赔偿金。

（十）费用

与借款合同有关的费用应由借款人支付，法律另有规定的除外。

（十一）债权（务）转让

未经贷款人书面同意，借款人不得将借款合同项下的任何权利、义务转让给第三人。若经贷款人书面同意转让，则该第三人须无条件地遵守借款合同的全部条款。

（十二）合同的补充和变更

经双方当事人书面同意，贷款人可以对借款合同进行修改或补充，且修改或补充的内容构成借款合同不可分割的一部分。若因法律法规、司法实践的变化而致使借款合同的某些条款丧失强制执行性或违法，则借款合同其他条款的有效性、合法性与强制执行性不受影响。

在取得借款人书面同意后，贷款人应尽快修改借款合同中非法、丧失强制执行性或无效的条款。

（十三）协议管辖

在双方协商一致的情况下，借款合同可以依据《中华人民共和国合同法》（以下简称《合同法》）载明争议的解决方式，并明确诉讼管辖法院。

（十四）合同的生效条件

借款合同的生效条件包括：担保文件的取得、担保合同的签订、抵押登记手续的办理、质物的交付、公证书的出具等。

（十五）关于合同术语的规定

在附则中，借款合同应对合同中出现的一些术语做出双方一致认可的定义。

## 三、填写借款合同时的注意事项

借款合同的填写应做到要素齐全、字迹清晰、数字准确、无错漏、无涂改。填写人在填写借款合同时需关注以下几点：

1. 借款合同必须采用钢笔、签字笔书写或打印，正、副本内容一致并填制完整。

2. 正确填写预留空白栏。在空白栏后的备选项横线上填好选定的内容，对未选的内容加横线以示删除；对无须填写的单个空白栏，应加盖“此栏空白”字样的印章；若在“其他约定事项”等条款中存在连续多个无须填写的空白栏，则应加盖“以下空白”字样的印章。

3. 正确填写数字。若无特殊要求，金额须用中文大写数字填写；年、月、日前，%、‰等符号前须用阿拉伯数字填写；“万分之____”“每____个月”“提前____个工作日”等空白栏中的数字须使用中文大写数字。

4. 正确填写到期日。若借款期限为整年，则到期日为起始日在对年对月对日的前一日。

5. 信贷人员不得对借款合同中的固有条款做文字性修改或解释说明。如确有必要修改，则须按照规定进行审查后方可签(出)具。

6. 填写时如有小的笔误，则填写人应加盖“更正章”并重新写上正确内容。

## 四、借款合同审核的要点

审核借款合同时，复核人员应注意以下几点：

1. 借款合同必须经有权签字人或授权签字人签名后方能生效。

2. 同一借款合同的填写人与复核人不得为同一人。

3. 检查借款合同文本的使用是否恰当。按规定，借款合同必须使用商业银行统一制式的文本，但特殊信贷业务除外。

4. 检查借款合同填制的内容是否与审批意见一致，主、从合同及附件是否齐全。

5. 检查借款合同的书写是否规范，文字表达是否清晰、准确。

6. 检查借款合同的补充条款是否合法、合规。

一经发现问题，复核人员应及时与填写人沟通，并创建复核记录，交由填写人签字确认。审核无误后，客户部门在借款合同上加盖专用章或公章。若借款合同文本超过一页，则应在多页整体合同上加盖骑缝章。

# 第五节　贷款发放阶段

## 一、审查用款条件

借款合同经多方当事人签署后即可生效，但只有满足下列先决条件时，借款人才可进行提款：

(一)借款人已按商业银行要求开立账户，用于提款、付息和还款。

(二)直到提款日为止，商业银行认为借款人在合同中所做的陈述与保证依然真实准确。

(三)直到提款日为止，商业银行未发现借款人有违约事件，或者有可能构成违约的事件。

(四)借款人已按照合同约定办理抵(质)押物的登记或公证手续和保险手续，并交清相关费用。

审核完毕后，信贷人员填写贷款审批条件落实情况审查表。

## 二、签署贷款凭证

在借款人满足提款的先决条件后，商业银行可按照约定发放贷款，由借款人填写贷款凭证。贷款凭证一式五联：第一联为备查联，由信贷部门留存；第二联为借据正本；第三联是贷方传票；第四联为到期检查卡；第五联是回单，是向借款人发出的收账通知单。

借款人填妥贷款凭证后送商业银行信贷部门审查。在确认借款人名称、提款日期、提款金额、提款账号、借款用途、印鉴等信息真实无误后，信贷部门在贷款凭证上签章并留存第一联，将其余四联送会计部门。

**【例 2－7】 个人贷款凭证**

个人贷款凭证

××银行　　　　贷款凭证

年　月　日　　　　合同编号：

<table>
<tr><td colspan="2">借款人</td><td></td><td>身份证号码</td><td colspan="10"></td></tr>
<tr><td colspan="2">贷款账号</td><td></td><td>贷款月利率</td><td colspan="4">‰</td><td colspan="3" rowspan="2">还款方式</td><td colspan="3" rowspan="2"></td></tr>
<tr><td rowspan="2">还贷</td><td>户名</td><td></td><td rowspan="2">贷款</td><td>实贷日</td><td colspan="3">年 月 日</td></tr>
<tr><td>账号</td><td></td><td>到期日</td><td colspan="3">年 月 日</td><td colspan="3">用途</td><td colspan="3"></td></tr>
<tr><td colspan="2" rowspan="2">核准借款金额（大写）</td><td colspan="3" rowspan="2"></td><td>百</td><td>十</td><td>万</td><td>千</td><td>百</td><td>十</td><td>元</td><td>角</td><td>分</td></tr>
<tr><td></td><td></td><td></td><td></td><td></td><td></td><td></td><td></td><td></td></tr>
<tr><td colspan="5">兹根据＿＿＿＿＿＿＿＿规定申请办理＿＿＿＿＿＿＿＿，请将上列借款金额转（划）入＿＿＿＿行开户的＿＿＿＿存款户，账号＿＿＿＿＿＿。本借款由＿＿＿＿归还。<br>此致<br>××银行<br>借款人（签章）</td><td colspan="9">上列款项已办理转账。<br>此致<br>信贷部门<br>会计部门（盖章）</td></tr>
</table>

**【例2-8】　企业贷款凭证**

企业贷款凭证

××银行　　　　　　贷款凭证

年　　月　　日　　　　　　　　合同编号：

<table>
<tr><td>借款单位全称</td><td colspan="3"></td><td colspan="4">贷款户账号</td><td colspan="6"></td></tr>
<tr><td>贷款种类</td><td></td><td>月利率</td><td>‰</td><td colspan="4">存款户账号</td><td colspan="6"></td></tr>
<tr><td rowspan="2">贷款金额<br>（大写）</td><td colspan="3" rowspan="2">人民币</td><td>千</td><td>百</td><td>十</td><td>万</td><td>千</td><td>百</td><td>十</td><td>元</td><td>角</td><td>分</td></tr>
<tr><td></td><td></td><td></td><td></td><td></td><td></td><td></td><td></td><td></td><td></td></tr>
<tr><td>借款原因或用途</td><td colspan="3"></td><td colspan="4">约定还款日期</td><td colspan="6">年　月　日</td></tr>
<tr><td colspan="4">备注：</td><td colspan="10">上列款项已转入你单位的存款账户，请列账。<br><br>（银行盖章）</td></tr>
</table>

## 三、贷款支付

贷款支付方式有两种：贷款人受托支付和借款人自主支付。

贷款人受托支付是指在确认借款人满足合同约定的提款条件后，根据借款人的提款申请和支付委托，贷款人通过借款人账户将贷款资金支付给符合合同约定用途的借款人交易对象。贷款人受托支付是实贷实付原则的主要体现，能有效控制贷款用途、保障贷款资金安全。依据“三个办法一个指引”的规定，商业银行应坚持以贷款人受托支付为主、借款人自主支付为辅的原则。《固定资产贷款管理暂行办法》第25条规定：“单笔金额超过项目总投资5%或超过500万元人民币的贷款资金支付，应采用贷款人受托支付方式。”《流动资金贷款管理暂行办法》第26条规定，具有以下情形之一的流动资金贷款，原则上应采用贷款人受托支付方式：①与借款人新建立信贷业务关系且借款人信用状况一般；②支付对象明确且单笔支付金额较大；③贷款人认定的其他情形。

借款人自主支付是指贷款人根据借款人的提款申请将资金发放至借款人账户,由借款人自主支付给符合合同约定用途的交易对象。虽然贷款新规已将贷款人受托支付作为主要支付手段,但是其也允许在一些情况下采用借款人自主支付。《个人贷款管理暂行办法》第33条规定,有下列情形之一的个人贷款,经贷款人同意可以采取借款人自主支付方式:①借款人无法事先确定具体交易对象且金额不超过30万元人民币的;②借款人交易对象不具备条件有效使用非现金结算方式的;③贷款资金用于生产经营且金额不超过50万元人民币的;④法律法规规定的其他情形的。

### 四、贷款登记

在会计柜台办理完贷款开户和提款手续后,信贷客户经理须及时填写、登记借款人贷款凭证和贷款卡(证)、保证人贷款卡(证)等信息,并将这些信息录入中国人民银行信贷登记咨询系统。

## 第六节　贷后管理阶段

为确保信贷资金的正确使用,防止出现违规行为,商业银行信贷客户经理应对借款人的经营情况、盈利能力、偿债能力及抵押担保情况开展贷后检查。

### 一、贷后检查的含义

贷后检查是指授信审批之后,商业银行对借款人执行借款合同情况及贷款使用效果情况进行追踪调查和检查。贷后检查是事后信贷监督,与贷前调查、贷时审查相互联系、相互补充,对贷款质量监督管理起着重要的作用。

### 二、贷后检查的目的

1. 及时发现问题、解决问题,避免出现不良贷款,避免和控制风险。
2. 及时发现问题贷款,采取有效措施收回贷款,最大程度降低贷款损失。

### 三、贷后检查的方法

#### (一)非现场监测法

1. 通过多种渠道,如工商部门、税务部门、借款人及担保人竞争对手、上级主管部门、人民银行征信系统、政府管理部门、金融同业、新闻媒介等方面获取信息,尽早发现预警信号，指导现场核查。

2. 通过贷款台账、客户账户管理系统、资金流向监控表以及企业征信系统，借助电话、网络、媒体等工具或渠道收集信息，每日监测和控制客户贷款账户往来、贷款出账、额度使用中出现的异常情况，进行信贷分析检查。

### （二）现场检查法

借助实地走访，察看借款人及担保人的主要办公、生产或经营场所、建设工地，与其法人代表、主要负责人、财务主管直接接触和面谈，检查经营场所，查阅财务账册、会计凭证，盘点库存等，通过检查重大事件报告与贷后检查报告对发现的主要风险点和预警信号及时汇报并提出解决措施。

重大突发事件包括但不限于：

1. 借款人涉及偷、逃、骗税等违法经营行为，或重大金额违约等诉讼和仲裁案件，或结算账户被海关、法院、税务等执法部门查封。

2. 借款人内部高管人员（主要股东、高层领导人或财务人员等）特别是法人代表出现异常人事变动，甚至失踪、被拘审、“双规”或监视居住。

3. 借款人改制对商业银行债务可能产生不利影响，存在逃废债倾向。

4. 借款人失去不可替代的关键原材料。

5. 借款人因遭受重大灾害等不能获得赔偿导致重大损失。

6. 借款人未按约定用途使用贷款，尤其是挪用贷款炒作股票或房地产。

7. 借款人与商业银行同业往来情况出现异常变动。

8. 贷款抵（质）押物严重贬值或被变相处置，或保证人出现重大突发事件导致保证能力下降等。

若出现重大突发事件，借款人应第一时间传递汇报。

## 四、贷后检查的内容

### （一）对借款人的检查

**1. 检查借款人基本情况**

（1）上门核对借款人必要的各类证、照、卡是否已办理年检手续，是否合格且持续有效，分析客户能否持续合法、合规经营。

（2）通过非现场检查方法，查询借款人及其高级管理人员的征信系统记录，检查其有无重大不良记录，比如是否存在各类经济合同违约、是否收到各管理部门的处罚或是否被列入“黑名单”等。

（3）通过现场或非现场垂询工商行政管理部门，分析借款人有无章程、股权、法定代表及高级管理人员的重大变动以及变动原因，分析借款人的组织形式、名称、公章、财务专用章等是否变更或准备变更以及变动原因，可能对生产经营造成的影响，是否会影响贷款的偿还。

(4)借款人经营范围是否做出调整或准备调整，及其对本行信贷资产安全的影响程度。

(5)借款人内部管理水平(如管理层素质、稳定性、经营管理作风等)是否发生变化，及其对本行信贷资产安全的影响程度。

(6)借款人与本行的合作态度、还款意愿等有无发生变化。

#### 2. 检查借款人生产经营情况

通过了解借款人所在行业和借款人内部各类因素的变化对其生产经营的影响，分析客户经济效益和还款能力的变化状况及趋势。

(1)通过信息收集，分析借款人所在行业的国家宏观政策和相关法律法规是否发生重大变化。

(2)通过对借款人的产品及服务调查，分析其所从事的行业经济周期变化情况以及借款人在行业中的地位是否发生重大变化。

(3)通过现场实地考察，调阅相关账簿核对存货、应收应付账款、预收预付账款等，分析借款人生产经营是否正常。

#### 3. 检查贷款的使用与账户管理情况

(1)检查借款人是否已按合同约定使用贷款资金。

(2)检查借款人是否已按合同约定还本付息或履行义务。

(3)检查贸易融资借款人在本行的国际结算信用记录是否良好。

(4)检查借款人账户资金进出情况，有无大额资金异动，有无挪用回笼资金情况。

#### 4. 检查借款人财务状况

(1)检查贷款科目使用是否正确，贷款利率执行是否准确。

(2)检查贷款科目总分账是否相符，贷款科目账据是否相符，借据是否由专人管理并定期核查。

(3)检查贷款借据要素填写是否齐全，是否存在漏章，责任人、审核人漏签等现象。

(4)检查贷款五级分类形态是否准确、是否已建立五级分类台账等。

#### 5. 检查借款人融资能力与还款能力



(1)检查借款人资金占用是否合理，现金流量是否充分。

(2)检查借款人在其他银行存、贷款情况,对外融资是否出现困难。

(3)检查外汇贷款借款人的收付汇情况是否发生变化。

(4)检查借款人还本付息能力及落实还款计划的情况。

(5)检查借款人或有负债情况,察看其是否有新增对外担保。

**6. 监测借款人的关联企业**

商业银行应定时监测对借款人有重大影响的关联企业,监督其与借款人之间是否存在不正当关联交易,关联企业是否出现影响借款人经营的重大事项,对贷款安全是否构成威胁等。

(二)对保证人的检查

1. 检查保证人是否具备担保资格。

2. 检查保证人是否超担保限额提供担保,是否重复担保。

3. 检查借款人、保证人提供的资料是否齐全。

4. 检查调查人、审查人是否核实保证人工作单位、职务、工资等情况。

(三)对抵(质)押物的检查

**1. 对抵(质)押物完好程度的检查**

检查抵(质)押物是否存在贬损、灭失等情况;是否已投保险,若保期已满,借款人是否已续保等。

**2. 对抵(质)押物变现能力的检查**

检查抵(质)押物的变现能力是否发生变化,重估抵(质)押物的现值,判别抵(质)押物市场价值的涨跌趋势。

**3. 对抵(质)押物状态的检查**

检查抵(质)押物是否被司法机关查封或冻结,抵(质)押物权属是否发生变更,抵(质)押登记手续是否发生变化,是否存在二次抵(质)押的情况。

**4. 对抵押物出租情况的检查**

实地检查不动产的占有情况,掌握抵押物是否用于租赁及租期、租金等具体情况。

## 五、撰写贷后检查报告

### （一）基本情况

此部分应概括说明在贷款发放后，借款人工商年检、股东变更、法人代表变更、注册资金增减、经营范围、经营战略等方面的变化情况。如该项变化可能会对借款人的生产经营产生重大影响，则应详细分析说明。如控股股东发生变化，则应详细说明变化的原因，分析该变化可能对借款人的生产经营造成的影响。

### （二）贷后检查的主要项目

**1. 授信业务变动情况**

此部分应说明到目前为止，借款人的授信金额、资金用途、是否挪用、还本付息等情况。若有出款条件限制或授信条件要求的，则须逐条一一说明。

**2. 借款人所属行业方面的变动情况**

此部分应说明在贷款发放后，借款人所属行业的供给与需求变动情况和行业整体盈亏情况，分析预测行业未来的发展趋势。

**3. 借款人经营方面的变动情况**

从产品的供应、生产、销售三个方面，分析借款人经营情况，判断其经营是否正常。与授信审批时的预测进行比较，判断借款人的经营情况是在预测范围之内，还是已超出预测。结合所属行业的发展趋势，预判在贷款到期前，借款人的生产经营是会继续向好，还是会进一步恶化。分析借款人经营的变化是否已危及或将危及信贷资金的安全。

**4. 借款人的财务变动情况**

此部分应说明借款人的财务变化情况，包括资产负债变动、损益变动、现金流变动情况。与授信审批时的预测进行比较，判断借款人的各项重要财务指标是在预测范围之内，还是已超出预测。分析借款人的财务状况在贷款到期前是会继续向好，还是会进一步恶化。

**5. 项目建设进度情况**

如果贷款种类为固定资产贷款或项目贷款，那么信贷客户经理要检查项目建设资金是否已按计划拨付到位，项目进度是否已按计划完成。针对项目建设期过长的贷款，信贷客户经理要定期对影响项目投产后经济效益的主要因素（如市场供求、原材料价格、产品价格等）进行检查，判断其是否在原预测范围之内。针对已投产的项目，信贷客户经理应对项目的生产负荷、产品质量、原材料消耗、生产成本、产品价格等情况进行全面了解，并与原评估预测报告进行比较，分析项目盈利情况，判断借款人能否持续经营、能否产生还款现金流，从而对新建项目的目标达成做出评判。

**6. 保证人的担保能力和抵（质）押物的变动情况**

信贷客户经理应对保证人的生产经营和财务变动情况进行分析，判断其担保能力是增强还是减弱。对抵（质）押物进行检查后，信贷客户经理应描述其是否灭失、损毁，变现价值增减情况及原因。

**7. 借款人与本行的业务往来情况**

此部分应分析客户在本行的存款、结算往来等情况，分析该笔贷款的综合收益是否已达到授信时设定的目标。

**8. 借款人在其他行授信的变动情况**

此部分应分析借款人授信的整体增减情况、担保变动情况、利率变动情况、逾期欠息情况、评级变动情况，判断他行对借款人的授信政策是否发生变化。若发现他行对借款人收缩贷款、提高利率、加固担保，甚至授信出现逾期欠息、评级为关注类以下，则信贷客户经理应详细分析原因。

**9. 媒体披露信息的核实情况**

若借款人或其所属行业被媒体公开披露出负面信息，可能给借款人的生产经营带来不利影响，并有可能给商业银行授信带来风险的，信贷客户经理在贷后检查中应予以核实并做出判断。

**10. 上述所发生的变化对借款人还款能力的影响情况**

综合分析生产经营、财务变动、再融资等多种因素对借款人还款能力的影响，判断借款人对到期的所有债务特别是对本行到期债务是否有足够的还款来源。

### （三）贷后检查结论

1. 对客户生产经营情况的评价。
2. 对客户财务状况的评价。
3. 对客户管理情况的评价。
4. 对客户发展前景的评价。

5. 对客户贷款风险状况的总体评价。

(四)建议采取的措施

有以下选择:

1. 继续支持该企业。
2. 退出该企业。
3. 按常规实施贷后管理和检查。
4. 帮助借款人改善经营管理状况。
5. 要求借款人提出更详细的还款计划。
6. 列为特殊关注对象,加大贷后检查频率。
7. 从严核定最高综合授信额度,控制对该客户融资总量。
8. 更换保证人、补足抵(质)押物。
9. 不办理收回再贷业务。
10. 停止发放新贷款。
11. 提前收回客户未使用的贷款。
12. 落实专人负责清收。
13. 追究保证单位连带责任。
14. 依法处置抵(质)押物、质押权利。
15. 与客户协商以物抵贷。
16. 依法提起诉讼。
17. 提请法院宣告借款人破产还债。
18. 其他措施。

下面以××公司为例,撰写××客户经理贷后检查报告。具体内容见例2-9。

**【例 2－9】 贷后检查报告**

贷后检查报告

关于＿＿＿＿＿＿公司的贷后检查报告

本人于＿＿＿＿年＿＿＿＿月＿＿＿＿日会同＿＿＿＿＿同志对该公司经营情况、盈利能力、偿债能力及抵押担保能力开展现场与非现场的贷后检查，现将有关调查情况汇报如下：

截至调查日止，该公司在我行贷款＿＿＿＿万元，用途为＿＿＿＿，贷款方式为＿＿＿＿。

一、借款人的基本情况及主体资格

借款人的基本情况及主体资格

| | |
|---|---|
| 企业性质、行业、股本结构等 | ＿＿＿＿公司，成立于＿＿＿＿年＿＿＿＿月，法人代表＿＿＿＿，企业性质为＿＿＿＿，行业为＿＿＿＿，主要经营：＿＿＿＿。基本账户开立于＿＿＿＿。企业具备法人资格，财务实行独立核算。注册资金为＿＿＿＿万元，主要股东分别是： |

二、借款人的财务状况

（一）根据企业提供的财务报表并经实地调查核对，至＿＿＿＿年＿＿＿＿月末，该公司的总资产为＿＿＿＿万元，比年初增加＿＿＿＿万元，总负债为＿＿＿＿万元，比年初增加＿＿＿＿万元，资产负债率为＿＿＿＿%，销售收入为＿＿＿＿万元，比上年同期增加＿＿＿＿万元。

（二）短、长期借款情况

1. 结欠他行贷款总额为＿＿＿＿万元。

结欠银行贷款总额

单位：万元

| 贷款行 | 贷款金额 | 贷款方式 | 抵押物/担保人名称 |
|---|---|---|---|
| | | | |
| | | | |

2. 结欠银行贷款及保证、抵押情况

该公司保证贷款共________笔，金额为________万元，其中有________笔为保证担保贷款。

公司保证担保贷款

单位：万元

| 担保人名称 | 总资产 | 总负债 | 所有者权益 | 对外担保总额 | 合同金额 |
|---|---|---|---|---|---|
| | | | | | |
| | | | | | |
| | | | | | |
| 担保能力分析 | 担保企业的担保能力分析：<br>该企业的资产负债率为________%；流动比率为________；速动比率为________。该企业偿债能力________（较好、一般、较差），保证能力________（较好、一般、较差）。 | | | | |

该公司有________笔贷款为资产抵押贷款。

公司抵押担保贷款

单位：万元

| 抵押物名称 | 数量/面积 | 评估值 | 合同金额 | 抵押率(%) |
|---|---|---|---|---|
| | | | | |
| | | | | |
| | | | | |
| 抵押物保管及变现能力 | | | | |

（三）应付票据情况

该企业应付票据余额为________万元。

企业应付票据余额

单位：万元

| 应付企业 | 金额 | 敞口额 | 抵押物/担保人名称 |
|---|---|---|---|
| | | | |
| | | | |
| | | | |

三、借款人财务分析

（一）偿债能力分析

公司的偿债能力指标

| 项目内容 | 年 月 | 分析报告 |
|---|---|---|
| 资产负债率 | | 从以上情况分析，该企业目前的偿债能力______（较强、一般、较差）。<br>应注意事项： |
| 流动比率 | | |
| 速动比率 | | |
| 利息保障倍数 | | |
| 负债与所有者权益比率 | | |
| 负债与有形资产比率 | | |

（二）营运能力分析

公司的营运能力指标

| 项目内容 | 年 月 | 分析报告 |
|---|---|---|
| 总资产周转率 | | 从以上情况分析，该企业目前的营运能力______（较强、一般、较差）。<br>应注意事项： |
| 固定资产周转率 | | |
| 应收账款周转率 | | |
| 存货周转率 | | |
| 资产报酬率 | | |
| 权益报酬率 | | |

（三）盈利能力分析

公司的盈利能力指标

| 项目内容 | 年 月 | 分析报告 |
|---|---|---|
| 销售利润率 | | 从以上情况分析，该企业目前的盈利能力______（较强、一般、较差）。<br>应注意事项： |
| 营业利润率 | | |
| 税前利润率 | | |
| 净利润率 | | |
| 成本费用利润率 | | |
| 负债与有形资产比率 | | |

## （四）现金流量分析

公司的现金流量

| 项目内容 | 年 月 | 分析报告 |
|---|---|---|
| 经营性现金净流量 | | 从该企业的现金净流量可以看出，企业生产________（正常、一般、较差），现金流量________（充足、一般、较差），企业偿债能力________（较强、一般、较差）。 |
| 投资性现金净流量 | | |
| 筹资性现金净流量 | | |
| 现金净流量 | | |
| | | |

## 四、非财务分析

非财务分析

| | |
|---|---|
| 行业风险分析 | 该企业属于________________行业，目前该行业所处的行业周期是________（萌芽、成长、成熟、夕阳）行业。<br>结论：该企业目前行业风险度________（很高、一般、不高）。 |
| 管理风险分析 | 公司的管理风险分析：①从组织形式上看是________。②从法人治理、管理者素质和经验看，该法人________毕业，文化学识水平________（较高、一般、较低），管理和经营经验________（丰富、一般、较少），且各方面诚信度________（高、一般、低）。③从管理层的稳定性及员工队伍看，管理机构________（稳定、一般、存在较大变动），员工队伍________（稳定、一般、存在较大变动）。<br>结论：该企业目前管理风险度________（很高、一般、不高）。 |
| 经营风险分析 | 公司的经营风险分析：①从采购环节来看，企业原材料的采购制度________（健全、一般、存在漏洞）。②从生产环节看，该公司生产技术________（先进、一般、落后），技术力量（雄厚、一般、薄弱），生产管理________（严格、一般、较差）。③从销售环节看，该公司供销渠道________（畅通、一般、不畅）。<br>结论：该企业目前经营风险度________（很高、一般、不高）。 |

| | |
|---|---|
| 还款意愿分析 | 该公司及法人还款意愿分析：该公司自从与银行发生信贷业务以来，贷款本息______(有、没有)逾期现象。<br>结论：该公司及法人的还款意愿______(好、一般、差)。 |

五、或有负债：对外担保总额______万元

或有负债：对外担保总额

| 被担保人名称 | 金额 | 合同期限 |
|---|---|---|
| | | |
| | | |
| | | |
| 合计 | | |

六、本笔贷款用途真实性的确定

贷款的用途

| |
|---|
| 该笔贷款主要是用于____________________________，<br>经查，该笔贷款用途______(真实、不真实)。 |

七、调查人综合性意见

调查人综合性意见

| |
|---|
| 该笔贷款经检查人检查认为：<br>贷款风险点及风险防范措施：<br>本人郑重声明：对上述贷后检查的真实性及检查结论负责。<br>主检查人签名：<br>从检查人签名：<br>日期：　　年　　月　　日 |

## 六、贷款到期处理

借款人有义务按照借款合同的约定及时清偿贷款本息，商业银行有权依照借款合同约定从借款人账户上划收贷款本金和利息。若借款人提前还款，则其应按照借款合同的约定进行支付。借款人不能按照合同规定偿还贷款的，应当承担违约责任，并加付利息。

### （一）提前还款

提前还款是指借款人希望改变贷款协议规定的原还款计划，提前偿还全部或部分贷款的行为。

#### 1. 借款人向商业银行递交提前还款申请

（1）借款人须在按月正常偿还贷款本息12个月后，方可提出首次提前偿还部分贷款或全部贷款。

（2）为严格管控贷款，商业银行对提前还款规定了最低限额，一般需1万元人民币以上。

（3）通常，借款人需提前10—30个工作日告知商业银行其提前还款一事，并须持原借款合同、银行还贷储蓄卡、每月还贷本金利息表、本人身份证等资料向商业银行提出书面申请，经商业银行审核同意后方可进行提前还贷。

（4）借款人在提交申请的当月仍需要偿还原定的月贷款本息还款额，同时再将需要提前偿还的贷款金额存入指定的商业银行储蓄卡内。

#### 2. 商业银行审查及审批

（1）信贷客户经理负责审查借款人提交申请之前所有的到期贷款本息情况，审查借款人提前还款是否符合本行相关规定，审查通过后还要提交相关人员审批。

（2）审批通过，信贷客户经理负责通知借款人办理相关手续。

#### 3. 商业银行会计部门按规定从借款人账户划扣贷款本息

商业银行会计部门人员按要求划扣贷款本金和利息。

#### 4. 解除抵（质）押权

（1）若借款人提前还清全部贷款，则商业银行退还抵（质）押权利凭证，及时与抵（质）押人共同至登记部门办理登记注销手续，并登录信贷数据库，按规定归档。

（2）若借款人提前结清部分贷款，则商业银行办理部分解除抵（质）押权手续。

**5. 贷后总结评价**

在贷款本息清偿之后，信贷客户经理和贷款检查岗应及时进行贷款总结、评价，以提高贷后管理的经验，改进处理方法。

（二）正常回收

**1. 商业银行向借款人发送"还本付息通知书"**

在贷款到期前，商业银行应及时向借款人发出"还本付息通知书"，告知借款人准备资金，到期按时还款。通常，商业银行向借款人发送"还本付息通知书"的时间为：中长期贷款是在贷款到期前1个月，短期贷款是在贷款到期前7日，按期还款的贷款是在每期还款日前3天。"还本付息通知书"包括的内容有：还本付息的日期、当期贷款余额、本次还本金额和付息金额、计息利率、计息天数等。详见例2－10。

**【例2－10】　还本付息通知书**

还本付息通知书

还本付息通知书

________（借款人全称）：

贵（公司）于______年______月______日由______提供（抵、质押）担保与我行签订______号借款合同，从我行借款人民币（大写）______，此笔借款将于______年______月______日到期。

望在收到本通知后，积极回笼资金，并于借款到期日前将款项存入在我行开立的账户上，确保按合同约定期限足额还本付息。

贷款人（公章）：

送达人（签字）：

年　　月　　日

---

今收到×××银行（营业部）______年______月______日签发的编号为______的"还本付息通知书"。

特此复函。

借款人（公章）：

签收人（签字）：

年　　月　　日

注：本通知书一式两份，借款人签收后退贷款人一份作为回执，借款人留存一份。

**2. 借款人按合同约定方式还本付息**

(1)借款人收到“还本付息通知书”后,应立即着手准备资金按时归还贷款。

(2)若借款人已与贷款行签订了“划款授权书”,则贷款行可按约定自行从借款人账户划扣贷款本息。

**3. 解除抵(质)押权**

在借款人还清全部贷款本息后,商业银行向其退还抵(质)押权利凭证,及时与抵(质)押人共同至登记部门办理登记注销手续,并登录信贷数据库,按规定归档。

**4. 贷后总结评价**

贷款本息全部还清后,相关部门应对贷款项目和信贷工作进行全面的总结。贷后总结评价的内容主要包括:第一,贷款基本评价。第二,贷款管理中出现的问题及解决措施。第三,其他有益经验。同时,对于出现不良贷款存在主观责任的,应根据具体情节追究相关部门负责人及经办人员责任。

### (三)逾期贷款催收通知

如果在还本付息当日营业终止前,借款人尚未向商业银行还本付息,那么该笔贷款即可视为逾期贷款。此种情况下,商业银行应及时向借款人发送“逾期贷款催收通知书”,联系借款人详细了解逾期原因,督促借款人按时还款。必要时,信贷客户经理可与借款人见面沟通。如果借款人已无还款能力或无还款意愿,那么商业银行应立即进入贷款清收程序。

## 七、信贷登记与档案管理

### (一)信贷登记

**1. 信贷管理系统登记**

贷款形态变化(如收回、展期或逾期等)要及时在中国人民银行及贷款行信贷管理系统进行登记、调整。

**2. 信贷台账登记**

信贷客户经理要逐户建立台账,监督贷款收回、贷后检查、贷款质量监测、不良贷款催收等贷后管理工作。

## (二)档案整理

为全面掌握借款人情况,经办行要为借款人建立贷款档案,主要内容包括:

**1. 合作机构及项目资料**

与经办行信贷业务建立合作关系的房地产开发企业、经销商、经纪公司、评估机构、担保公司、保险公司等机构的基本资料。

**2. 贷款资料**

经办行在办理贷款过程中,由借款人提交或形成的各类贷款要件。

**3. 权证资料**

对于采用抵(质)押担保方式的信贷业务,借款人到相关机构开具的能够证明其对抵(质)押物享有所有权和处置权的证明材料。

**4. 贷后资料**

贷款后续资料和贷后管理资料。

**5. 授信审批资料**

在信贷业务授信、审查、审批过程中所形成的资料,如贷前调查报告、贷款审批书等。

## (三)档案移交

信贷客户经理将整理好的档案(纸质、电子档案),在规定的工作日内,移交档案管理部门(需要填写清单的具体内容见表2-3)。

**表2-3 公司客户信贷业务档案移交清单**

<table>
<tr><th>序号</th><th>企业代码</th><th>标题(内容)</th><th>页数</th><th>日期</th><th>密级</th><th>是否原件</th><th>备注</th></tr>
<tr><td></td><td></td><td></td><td></td><td></td><td></td><td></td><td></td></tr>
<tr><td></td><td></td><td></td><td></td><td></td><td></td><td></td><td></td></tr>
<tr><td colspan="2">移交人</td><td></td><td colspan="2">接收人</td><td></td><td rowspan="2">移交日期</td><td rowspan="2"></td></tr>
<tr><td colspan="2">移交部门负责人</td><td></td><td colspan="2">接收部门负责人</td><td></td></tr>
</table>

【实训】

由4—5名学生组成1个授信小组,完成以下实训内容:

1. 分角色扮演客户和信贷客户经理,模拟个人贷款与公司贷款的申请及受理过程,客户咨询办理具体的贷款品种所需要的条件和手续,信贷客户经理受理客户的申请。

2. 上网收集个人客户贷款资料,给出初步调查结论,确定该客户是否符合该类贷款的条件;寻找一家企业,收集其贷款资料;采用现场或搜寻调查法,核实法人客户身份的真实性并分析其贷款需求;编制"借款人基本情况调查表",整理企业的基本情况,并分小组阐述交流。

3. 根据调查的目标个人客户/公司客户的资料信息,授信小组撰写个人消费类贷款贷前调查报告/个人经营性贷款贷前调查报告/法人客户贷款贷前调查报告。

4. 授信小组分角色扮演贷款审查委员会委员,模拟贷款审查委员会工作流程,完成以下实训:(1) 对个人贷款案例进行讨论,并撰写个人贷款授信审查报告;(2) 对目标公司贷款案例进行审查审议,并撰写公司贷款授信审查报告。

5. 搜集某个亲朋好友的资料,2人一组,分别扮演商业银行信贷客户经理和借款人,规范填制、签订借款合同与抵押合同;上网查找某上市非金融公司资料与流动资金借款合同模板,3人一组,分别扮演商业银行信贷客户经理、借款公司和担保人,规范填制、签订借款合同与保证合同。

# 第三章　个人贷款

☞　**学习目标**

1. 理解商业银行不同类别个人信贷产品的含义和特点。

2. 掌握商业银行不同类别个人信贷产品的配置要求。

☞　**重点难点**

根据商业银行各项信贷产品的基本含义、特点及准入条件，为个人客户配置合适的贷款品种。

## 第一节　个人住房贷款

个人住房贷款是我国开办最早、规模最大的个人贷款产品。个人住房贷款是指商业银行向借款人发放的用于购买自用普通住房，在借款人缴清首期房款之后，借款金额一般为房款的70%、期限最高为30年的，并以商业银行认可的抵押、质押或者保证做担保的人民币专项贷款。

### 一、个人住房贷款的分类

#### (一)按照资金来源划分

个人住房贷款可以分为个人商业性住房贷款、公积金个人住房贷款和个人住房组合贷款三种。

**1. 个人商业性住房贷款**

个人商业性住房贷款也称自营性个人住房贷款，是指商业银行向具有完全民事行为能力的自然人在城镇购买、建造或大修各类型住房时，以其所购产权住房为抵押物作为偿还贷款的保证而发放的贷款。

**2. 公积金个人住房贷款**

公积金个人住房贷款也称委托性住房公积金贷款，是指住房公积金缴存人以及在职期间缴存住房公积金的离退休职工，在购买、建造、翻建、大修自住住房时，由各地住房公积金管理中心运用个人及其所在单位缴纳的住房公积金为资金来源，委托商业银行发放的专项住房贷款。该贷款是一种政策性个人住房贷款，不以营利为目的，实行“低进低出”的利率政策，贷款额度受到一定的限制。

**3. 个人住房组合贷款**

个人住房组合贷款是指按时足额缴存住房公积金的借款人在购买、建造或大修住房时，所申请的个人公积金住房贷款不足以支付所需资金，可再申请个人商业性住房贷款，从而形成两种个人住房贷款的组合，简称个人住房组合贷款。

### （二）按照贷款房屋交易形态划分

个人住房贷款可以分为：个人一手房住房贷款和个人二手房住房贷款。

1. 个人一手房住房贷款也称个人新建房住房贷款，是指商业银行向符合条件的自然人发放的、用于其购买在房地产一级市场进行合法交易的各类型个人住房的一种贷款。

2. 个人二手房住房贷款是指商业银行向符合条件的自然人发放的、用于其购买在房地产二级市场进行合法交易的各类型个人住房的一种贷款。

## 二、个人住房贷款的特征

（一）贷款期限较长，最长可达30年。

（二）通常是以住房抵押为前提条件而建立的一种借贷关系。

（三）由于贷款模式类似，所以个人住房贷款具有系统性风险。

## 三、个人住房贷款的业务流程

以个人商业性住房贷款业务和公积金个人住房贷款业务为例，了解个人住房贷款业务的办理流程。

### （一）个人商业性住房贷款业务

**1. 贷款业务受理**



申请人应同时具备以下条件：

（1）申请人须为具有完全民事行为能力的中国公民、在中国内地（大陆）有居留权的具有完全民事行为能力的港澳台自然人或外国人。

（2）申请人具有稳定的经济收入，有偿还贷款本息的能力，无不良信用记录。

（3）申请人具有合法有效的购房合同、协议以及贷款行要求提供的其他证明文件。

（4）申请人具有发票、银行进账单、现金交款单等首付款交款单据，如果申请人尚未支付首付款或者支付的首付款未达到规定比例，那么其还需提供自筹购房资金的有关证明。

（5）申请人能够提供贷款行认可的有效担保。

（6）贷款行规定的其他条件。

若满足以上条件，借款人须填写个人住房贷款借款申请书（见例3－1）。

**【例3－1】** 个人住房贷款借款申请书

个人住房贷款借款申请书

<table>
<tr><td colspan="19">个人借款申请种类及贷款方式</td></tr>
<tr><td colspan="11">□个人住房贷款　□个人再交易住房贷款<br>□个人商业用房贷款　□个人住房抵押额度贷款<br>□个人消费额度贷款　□个人小额信用贷款<br>□个人汽车贷款　□个人助业贷款　□其他</td><td colspan="8">□信用　□保证　□抵押<br>□质押　□抵押加阶段性保证<br>□抵押加全程担保　□其他</td></tr>
<tr><td>申请人姓名</td><td colspan="5"></td><td colspan="2">性别</td><td colspan="2">□男</td><td colspan="2">□女</td><td colspan="3">民族</td><td colspan="4"></td></tr>
<tr><td>身份证号码</td><td></td><td></td><td></td><td></td><td></td><td></td><td></td><td></td><td></td><td></td><td></td><td></td><td></td><td></td><td></td><td></td><td></td><td></td></tr>
<tr><td>（其他证件名称及号码）</td><td colspan="18"></td></tr>
<tr><td>户籍所在地</td><td colspan="18"></td></tr>
<tr><td>配偶姓名</td><td colspan="5"></td><td colspan="2">性别</td><td colspan="2">□男</td><td colspan="2">□女</td><td colspan="3">民族</td><td colspan="4"></td></tr>
<tr><td>身份证号码</td><td></td><td></td><td></td><td></td><td></td><td></td><td></td><td></td><td></td><td></td><td></td><td></td><td></td><td></td><td></td><td></td><td></td><td></td></tr>
<tr><td>（其他证件名称及号码）</td><td colspan="18"></td></tr>
<tr><td>户口所在地</td><td colspan="18"></td></tr>
<tr><td colspan="19">借款申请</td></tr>
</table>

| | | | | | | |
|---|---|---|---|---|---|---|
| 借款金额(元) | 大写 | | 小写 | | | |
| 借款期限 | | | | | | |
| 借款用途 | □购买住房 □购买商铺 □自建住房 □维修住房 | | | | | |
| 申请借款种类 | | | | | | |
| 还款方式 | □等额本息还款法<br>□等额本金还款法<br>□等额累进还款法:等额递增、等额递减<br>□等比累进还款法:等比递增、等比递减 | | | | | |
| 还款来源 | □个人收入 □家庭收入 | | | | | |
| 借款申请人基本情况 | | | | | | |
| 出生日期 | 年 月 日 | | 国籍/地区 | | | |
| 婚姻状况 | □未婚 □已婚 □丧偶 □离婚 | | | | | |
| 健康状况 | □良好 □一般 □差 | | 职业 | | | |
| 最高学历 | □研究生及以上 □大学 □大专 □中专、高中及技校 □初中以下 | | | | | |
| 职称 | □高级 □中级 □初级 □无职称 | | 所属行业 | | | |
| 是否有执业资格 | | □是 □否 | | | | |
| 现工作单位 | | | | | | |
| 进入现单位工作时间 | | 年 月 | | 本地居住时间 | 年 | |
| 居住状况 | □自有住房 □贷款购买住房 □与亲属合住 □集体宿舍 □租房 □其他 | | | | | |

| | | | |
|---|---|---|---|
| 社会保障号码 | | 住房公积金账号 | |
| 住房储蓄账号 | | 是否有本行信用卡 | □是 □否 |
| 是否为VIP客户 | □是 □否 | 是否参加养老保险 | □是 □否 |
| 是否参加失业保险 | □是 □否 | 是否缴纳公积金 | □是 □否 |
| 是否参加医疗保险 | □是 □否 | 是否享受住房补贴 | □是 □否 |
| 联系电话 | | 手机号码 | |
| 传真电话 | | E-mail | |
| 通信地址 | | 邮政编码 | |
| 借款申请人收支情况 | | | |
| 主要经济来源 | □工资收入 □个体经营者收入 □其他非工资性收入 | | |
| 其他经济来源 | | 供养人数 | |
| 申请人月收入 | 元 | | |
| 家庭月收入 | 元 | 家庭月支出 | 元 |
| 借款申请人资产负债表 | | | |

| 个人资产 | 金额（元） | 个人负债 | 金额（元） | 月还款金额（元） | 起止日期 | 负债类型 |
|---|---|---|---|---|---|---|
| 房产 | | 购房所欠贷款 | | | | |
| 汽车 | | 购车所欠贷款 | | | | |

| | | | | | | |
|---|---|---|---|---|---|---|
| 债券 | | 其他所欠贷款 | | | | |
| 股份(股票) | | 其他负债 | | | | |
| 银行存款 | | 合计 | | | | |
| 合计 | | | | | | |

| 共同申请人信息 | | | |
|---|---|---|---|
| 姓名 | | 与借款申请人关系 | |
| 现工作单位 | | 电　话 | |
| 身份证号码 | | 户籍所在地 | |
| (其他证件名称及号码) | | | |
| 通信地址 | | 邮政编码 | |

| 共同申请人收支情况 | | | |
|---|---|---|---|
| 主要经济来源 | □工资收入　□个体经营者收入　□其他非工资性收入 | | |
| 其他经济来源 | | 供养人数 | |
| 共同申请人月收入 | 元 | | |

| 担保资料 | | |
|---|---|---|
| □抵押 | 抵押物名称 | |
| | 抵押物所有人 | |
| | 抵押物价值(元) | |
| □质押 | 质押权利名称 | |
| | 质押权利所有人 | |
| | 质押权利价值(元) | |

| | | | |
|---|---|---|---|
| □保证 | 保证人名称 | | |
| | 保证人联系方式与地址 | | |
| □抵(质)押加保证 | 抵押物(质押权利)名称 | | |
| | 保证人名称 | | |
| | 保证人联系方式与地址 | | |
| □抵押加阶段性保证 | 抵押物名称 | | |
| | 保证人名称 | | |
| | 保证人联系方式与地址 | | |
| 拟购房资料 | | | |
| 售房单位(全称) | | | |
| 销售许可证编号 | | 房屋坐落位置 | |
| 房屋类型 | □经济适用房 □商品房 □别墅 □其他 | | |
| 房屋结构 | □框架结构 □砖混结构 □框剪结构 □其他 | | |
| 房屋形式 | □期房 □现房 | 房屋户型 | |
| 房屋建筑面积 | 平方米 | 单位售价 | 元/平方米 |
| 房屋价值 | 元 | 已付购房款 | 元 |
| 售房合同编号 | | 交房日期 | 年 月 日 |
| 房屋所有权证编号 | | | |
| 自建、大修房屋资料 | | | |
| 房屋坐落地址 | | | |
| 城建部门批准文号 | | 房屋结构 | |
| 建设面积 | 平方米 层数 | 自建房屋造价 | 元 |

<table>
<tr><td>原房屋价值</td><td colspan="2">元</td><td colspan="2">增加建筑面积</td><td colspan="2">平方米</td></tr>
<tr><td>大修房屋费用(元)</td><td>大写</td><td colspan="2"></td><td colspan="2">小写</td><td></td></tr>
<tr><td>计划开工日期</td><td colspan="2">年　月　日</td><td>计划竣工日期</td><td colspan="3">年　月　日</td></tr>
<tr><td colspan="7">借款申请人声明</td></tr>
<tr><td colspan="7">1. 以上申请书及其所附资料内容为本人所填,且完全属实,本人承担因填写不实所引致的一切法律责任;<br>2. 本人承认以此申请书作为向贵行借款的依据,报送的资料复印件可留存贵行做备查凭证;<br>3. 经贵行审查不符合规定的借款条件而未予受理时,本人无异议;<br>4. 本人保证在取得银行贷款后,按时足额偿还贷款本息。<br>申请人签字:<br>共同申请人签字:<br>年　月　日</td></tr>
</table>

**2. 贷前调查**

**(1)对申请人的调查**

①调查材料的正副本内容是否一致。

②调查申请人的身份证明是否真实、合法、有效。

③调查申请人的信用状况及偿还能力。

④调查首付款证明材料、购房合同或协议、担保材料、贷款用途的真实性,避免“假按揭”。

**(2)对开发商及楼盘的调查**

①调查开发商资质、资信等级、基本情况、财务状况等。

②实地调查项目的合法性、工程进度情况、资金是否到位。

调查人员撰写贷前调查报告及个人住房贷款调查申报报告(见例3-2),提出调查意见,连同申请材料一起送审。

## 【例 3－2】　个人住房贷款调查申报报告

**个人住房贷款调查申报报告**

<table>
<tr><td colspan="6">贷款申报情况</td></tr>
<tr><td>客户姓名</td><td></td><td>贷款种类</td><td></td><td>贷款期限</td><td></td></tr>
<tr><td>贷款金额</td><td></td><td>利率浮动比率</td><td></td><td>首付比例</td><td></td></tr>
<tr><td colspan="6">贷前调查人意见</td></tr>
<tr><td>首付款证明材料</td><td colspan="5">☐银行进账单　☐发票　☐POS 机小票<br>☐开发商出具的收据　☐开发商明细账</td></tr>
<tr><td>拟购房产物业费</td><td colspan="5">________元/月</td></tr>
<tr><td>偿还能力</td><td colspan="5">借款人月收入________元，共同借款人月收入________元，借款人偿债收入比________%。（可补充其他内容）</td></tr>
<tr><td>面谈情况</td><td colspan="5">________年________月________日与借款人、共同借款人在________进行了面谈，借款人身份、购房行为、收入情况等真实有效。（可补充其他内容）</td></tr>
<tr><td>信用记录</td><td colspan="5">借款人及共同借款人信用状况：（可补充其他内容）</td></tr>
<tr><td>担保情况</td><td colspan="5">☐抵押加开发商阶段性保证　☐抵押加开发商全程保证<br>☐抵押　☐自然人保证　☐法人或担保公司保证　☐其他方式</td></tr>
<tr><td>其他情况</td><td colspan="5">（可另附报告）</td></tr>
<tr><td colspan="6">本人对借款申请人提交的所有申请材料与文件副本、复印件对照正本、原件进行验证，确认一致，如不一致愿承担贷前调查失实责任。</td></tr>
<tr><td colspan="6">意见文字描述：<br>调查人：通过审核申请材料、与借款人面谈等，对借款人身份真实性、偿还能力、信用状况、购房行为、首付款支付情况、抵押物价值情况、贷款担保等情况进行调查，认为该贷款申请符合业务制度，同意申报该笔贷款申请。（可补充其他内容）<br>调查人：<br>年　月　日</td></tr>
</table>

**3. 贷款的审查与审批**

审查人对申请材料、贷前调查的内容进行合规性、完整性审查，认为需要补充、完善材料的，可要求贷前调查人员进一步落实。审查人采用定性和定量分析方法，综合评估申请人的风险等级，并在个人住房贷款调查申报报告上签署意见，送交审批。

采用单人审批时，贷款审批人直接在个人信贷业务申报审批表上签署“同意”或“否决”意见。采用双人审批时，专职审批人签署意见后，再由贷款审批牵头人签署意见。

**4. 贷款的签约与发放**

经审批同意的，银行与申请人、开发商共同签订“个人住房借款合同”，明确双方当事人的权利和义务。在确认首付款已到位、保险和公证手续已办妥、担保已落实的情况下，会计部门按照借款合同约定的方式进行转账划款。

（二）公积金个人住房贷款业务

公积金个人住房贷款的资金来自于单位与职工个人共同缴存的住房公积金，这体现了其互助性的特点。公积金个人住房贷款的期限最长为30年，但不能超过借款人法定离退休年龄后的5年。凡是按规定年限缴存住房公积金、具有完全民事行为能力的职工，均可以申请公积金个人住房贷款。

**1. 公积金个人住房贷款与个人商业性住房贷款的区别**

公积金个人住房贷款与个人商业性住房贷款的区别的具体内容见表3－1。

**表3－1　公积金个人住房贷款与个人商业性住房贷款的区别**

| 区别 | 公积金个人住房贷款 | 个人商业性住房贷款 |
|---|---|---|
| 承担风险的主体不同 | 住房公积金管理中心 | 商业银行 |
| 资金来源不同 | 公积金管理部门归集的住房公积金 | 商业银行自有信贷资金 |
| 贷款对象不同 | 住房公积金缴存人 | 符合条件的自然人 |
| 贷款利率不同 | 相对较低 | 相对较高 |
| 审批主体不同 | 各地方公积金管理中心 | 商业银行 |

**2. 公积金个人住房贷款的业务流程**

**(1)受理申请**

除符合个人贷款业务的一般条件之外,申请人还需具备:

①具有城镇常住户口或持有有效居留身份证明。

②已开立个人住房公积金存款账户,并具有按时足额缴存住房公积金的证明。

③具有合法有效的购买(大修)住房的合同或协议。

④具有住房公积金管理部门规定的、最低比例以上的自筹购买(大修)住房的首付款资金。

⑤能够提供符合住房公积金管理部门要求的担保。

若满足以上条件,借款人须填写"住房公积金借款申请书",提交住房公积金缴存卡(证)、房屋认购书、购房合同或装修合同和首付款证明等材料。

**【例3-3】 住房公积金借款申请书**

住房公积金借款申请书

<table>
<tr><td colspan="11">一、申请人基本情况</td></tr>
<tr><td>申请人姓名</td><td></td><td>性别</td><td></td><td>出生年月</td><td></td><td>婚姻状况</td><td></td><td rowspan="3">联系电话</td><td>家庭</td><td></td></tr>
<tr><td>有效身份证件类型</td><td colspan="2"></td><td colspan="2">证件号码</td><td colspan="3"></td><td>单位</td><td></td></tr>
<tr><td>户口所在地</td><td colspan="7"></td><td>手机</td><td></td></tr>
<tr><td>现住址</td><td colspan="7"></td><td>邮编</td><td colspan="2"></td></tr>
<tr><td>现工作单位及部门</td><td colspan="2"></td><td colspan="2">现单位工作年限</td><td colspan="3"></td><td>已工作年限</td><td colspan="2"></td></tr>
<tr><td>单位地址</td><td colspan="7"></td><td>邮编</td><td colspan="2"></td></tr>
<tr><td>单位性质</td><td colspan="3">按行政关系来源性质分类</td><td colspan="4">按所有制分类</td><td colspan="3">按单位性质分类</td></tr>
<tr><td>职务</td><td colspan="3"></td><td colspan="2">职称</td><td colspan="5"></td></tr>
<tr><td>学历</td><td colspan="3"></td><td colspan="2">毕业学校</td><td colspan="5"></td></tr>
</table>

| 工作履历<br>填写近3年<br>工作变化 | 单位名称 | 工作时间 | 主管业务 | 职位 |
|---|---|---|---|---|
| | | 自　年　月至　年　月 | | |
| | | 自　年　月至　年　月 | | |
| | | 自　年　月至　年　月 | | |

| | |
|---|---|
| 月均收入　元 | 其中：1. 工资收入（税前）　元　2. 奖金津贴补贴　元　3. 兼职收入　元 |

| | | | | | |
|---|---|---|---|---|---|
| 单位登记号 | | 个人登记号 | | 是否做<br>信用评估 | |

二、拟购房情况

| | |
|---|---|
| 所购房屋地址 | 区　　小区（项目） |
| | 具体购房地址（以购房合同所载地址为准）： |
| 房屋所有权证<br>所载地址 | |
| 所购房屋性质 | |

| | | | | | | | |
|---|---|---|---|---|---|---|---|
| 购房首<br>付款（元） | | 房屋总<br>价（元） | | 建筑面积（平方米） | | 单价（元/平方米） | |
| | | | | 套内面积（平方米） | | 单价（元/平方米） | |

| | | | | |
|---|---|---|---|---|
| 售房人 | 名称 | | 电话 | |
| | 地址 | | | |

| | | | | | |
|---|---|---|---|---|---|
| 拟交房日期 | | 购房合同编号 | | 房屋所有权证编号 | 字　第　号 |

三、家庭财务情况（申请人夫妻共有财产和负债）

| | | | |
|---|---|---|---|
| 财产总额 | 元 | 其中： | 1. 银行存款　元　2. 有价证券　元<br>3. 股票现值　元　4. 其他财产　元 |
| 月均支出 | 元 | 其中： | 1. 生活费　元　2. 子女教育　元　3. 赡养费　元<br>4. 房租　元　5. 税金　元　6. 其他　元 |

| | | |
|---|---|---|
| 家庭负债情况 | 元 | 其中：1. 贷款　元　2. 私人借款　元　3. 其他　元 |

| | | | | | |
|---|---|---|---|---|---|
| 财产抵押情况 | | 是否拥有个人产权住房 | | 是否租赁公有住房 | |
| 现住房产权人 | | 与申请人关系 | | 其他 | |

<table>
<tr><td colspan="6">四、拟借款情况</td></tr>
<tr><td>拟申请住房公积金借款金额</td><td colspan="3">（大写）　　元（小写）　　元</td><td>借款期限</td><td>年</td></tr>
<tr><td>是否组合贷款</td><td></td><td>组合贷款中商贷金额</td><td colspan="3">（大写）　　元（小写）　　元</td></tr>
<tr><td>借款人拟提供担保情况</td><td colspan="5">□××市住房贷款担保中心连带责任保证　□抵押担保<br>□质押担保　□抵押加保险　□抵押加连带责任保证<br>□连带责任保证</td></tr>
<tr><td>还款方式</td><td colspan="5"></td></tr>
<tr><td colspan="6">申请人签名：<br>年　月　日</td></tr>
</table>

**（2）贷款的审查与审批**

业务部门经办人员对申请人的材料、资信状况进行初审后，审查人审核申请人缴存住房公积金现状、借款用途、借款内容、信用等级、偿债能力、担保情况等，并提出审查意见。

公积金管理中心负责审批借款申请材料、面谈记录、承办银行初步审核意见等资料，并对贷款额度、期限做出最终决策。

**（3）贷款的签约与发放**

审批通过后，住房公积金管理中心向承办银行出具委托贷款发放通知书，将款项划入专门的基金账户。承办银行与申请人签订住房公积金借款合同和担保合同，落实担保手续，将款项划付申请人账户，并按时向住房公积金管理中心递送贷款发放明细表。

## 第二节　个人汽车贷款

个人汽车贷款是指借款人在特约经销商处购买汽车时，在贷款银行存入首期车款后，以所购车辆抵押或银行认可的权利、动产质押或有能力承担连带责任的保证人提供保证，向银行申请的专项人民币贷款。

## 一、个人汽车贷款的分类

### (一)按车辆用途分类

个人汽车贷款可以分为个人自用车贷款和个人商用车贷款。个人自用车贷款所购买的车辆为不以营利为目的的汽车;个人商用车贷款所购买的车辆是以营利为目的的汽车,如载货车、9 座以上的客车、半挂牵引车、出租车等。

### (二)按车辆注册登记情况分类

个人汽车贷款可以分为个人一手车贷款和个人二手车贷款。

个人一手车贷款所购买的车辆为过户次数为零的汽车;个人二手车贷款所购买的车辆是自公安交通管理机关注册登记到规定报废标准之前进行所有权变更并依法办理过户手续的汽车。

## 二、个人汽车贷款的特点

在多年的发展过程中,个人汽车贷款逐渐形成了独有的特色,主要体现在以下两个方面:

### (一)与汽车市场的多种行业之间关系密切

汽车贷款业务并非为商业银行一家可以独立完成,需要汽车市场多家行业之间相互配合、合作共赢。首先,商业银行需要与汽车经销商密切合作,借款申请人到汽车经销商处购买汽车后,商业银行会将贷款资金直接转入汽车经销商账户。其次,因汽车贷款大多要求借款申请人以所购车辆做抵押,所以商业银行往往会要求借款申请人及时、足额购买汽车保险或购买个人汽车贷款履约保证保险,商业银行需要与保险公司建立合作关系。此外,在办理汽车贷款业务的过程中,商业银行还需要与担保机构、中介、汽车制造商建立联系,及时沟通、协调配合。

### (二)风控管理难度较大

由于汽车是移动易耗品,所以以汽车作为抵押物对商业银行的风控管理提出了挑战。在我国个人征信体系尚不完善的情况下,商业银行较难准确评价借款申请人的资信状况,缺乏有效规避借款申请人违约的工具。因此,相较于个人住房贷款而言,个人汽车贷款的风控管理难度较大。

## 三、个人汽车贷款的期限与额度

### （一）贷款期限

根据2018年施行的《汽车贷款管理办法》规定，个人汽车贷款的贷款期限（含展期）最长为5年，而二手车贷款的贷款期限（含展期）最长为3年。若借款人确实无法按照合同规定偿还贷款，则其须于贷款全部到期30日前提出展期申请。一笔贷款只可展期一次，且展期期限最长为1年、展期之后的全部贷款期限不得超过5年。

### （二）贷款额度

个人自用车贷款的贷款额度最高为所购汽车价格的80%；个人商用车贷款的贷款额度最高为所购汽车价格的70%；个人二手车贷款的贷款额度最高为所购汽车价格的50%。

## 四、个人汽车贷款的运行模式

目前，个人汽车贷款主要有“直客式”和“间客式”两种运行模式。二者的实质性区别在于：在“直客式”运行模式中，贷款银行负责购车人资信调查和信贷审批工作；而在“间客式”运行模式中，贷款银行将审贷责任委托给了汽车经销商或第三方（如保险公司、担保公司），其不与购车人发生直接借贷关系。

### （一）“直客式”模式

“直客式”模式又称“先贷款、后买车”，是指购车人到商业银行申请汽车贷款后，商业银行调查审核购车人的资信情况并授予其车贷额度，购车人在此额度内确定车型，之后向商业银行缴纳首付款并与商业银行签订个人汽车贷款合同，在商业银行向汽车经销商付清余款后，购车人即可提车的一种汽车贷款运行模式。“直客式”模式为购车人节省了中间环节和中介费。

### （二）“间客式”模式

“间客式”模式又称“先买车、后贷款”，是指购车人到汽车经销商处挑选车辆后，由经销商或第三方负责调查购车人的资信情况，经销商协助购车人向合作商业银行提交个人汽车贷款申请，代购车人办理车辆保险，代商业银行收缴贷款本息的一种汽车贷款运行模式。在此模式下，各项事宜均由汽车经销商办理，购车人无须与贷款商业银行接触，其与商业银行间接发生借贷关系。若汽车经销商为购车人提供全程担保或连带责任保证，则其通常要收取一定比例的管理费或担保费。目前，“间客式”模式在个人汽车贷款市场中占主导地位。

## 五、个人汽车贷款的业务流程

### (一)接受申请

申请人须提供以下材料:

1. 个人汽车贷款申请书(见例3-4)。

2. 本人及配偶的有效身份证明、收入证明,由汽车经销商出具的购车合同或意向书,首付款证明。

3. 担保材料,如抵押的房地产权属证明、质押的权利凭证、保证意向书等。

4. 若贷款所购车辆为商用车,还须提供车辆挂靠协议、租赁协议等能够证明车辆用于合法运营的材料。

**【例3-4】 ××银行个人汽车贷款申请书**

××银行个人汽车贷款申请书

| | | | | | | | |
|---|---|---|---|---|---|---|---|
| 申请人姓名 | | 性别 | | 年龄 | | 出生年月 | |
| 身份证号 | | | | 联系电话 | | | |
| 工作单位 | | | | 部门 | | 职务 | |
| 工作单位地址 | | | | 单位电话 | | 邮编 | |
| 户口所在地址 | | | | | | 邮编 | |
| 现居住地址 | | | | 申请人月收入 | | | 元/月 |
| 家庭人口数 | | 家庭其他成员称谓 | | | | | |
| 配偶姓名 | | 工作单位 | | | | 月收入 | 元/月 |
| 汽车品牌 | | | | 汽车售价 | | | |
| 首付款 | | | | 贷款金额 | | | |

<table>
<tr><td rowspan="3">贷款担保方式</td><td>住房抵押□</td><td>自有住房</td><td>□</td><td>其他住房</td><td>□</td><td>房屋评估价值</td><td></td></tr>
<tr><td>质押□</td><td>质物名称</td><td colspan="2"></td><td>质物价值</td><td colspan="2"></td></tr>
<tr><td>保证□</td><td>担保人名称</td><td colspan="2"></td><td>保证金额</td><td colspan="2"></td></tr>
<tr><td colspan="2">家庭月平均收入合计</td><td></td><td>每月还款额</td><td></td><td>占家庭收入比例</td><td colspan="2">（ ）%</td></tr>
<tr><td colspan="2">共同申请人意见</td><td colspan="6">本人作为购车人的配偶（或________），对关系存续期间财产享有共同财产权，因此愿与购车人共同参与对银行欠款的偿还。倘若购车人与本人解除夫妻关系（或______关系），除非法院判定或其他具有法律效力的协议明确规定该车辆所有权和债务的归属为购车人，否则不解除本人的还款义务。<br><br>共同申请人签章：<br>年 月 日</td></tr>
<tr><td colspan="2">借款人意见</td><td colspan="6">申请人同意以上述贷款担保方式，抵（质）押权人为××银行，并保证抵（质）押权人为第一受益人，或接受贷款保证人对本人约定的条件。<br><br>签名（盖章）<br>年 月 日</td></tr>
<tr><td colspan="4">贷款保证人意见<br><br>盖章（签字）<br>年 月 日</td><td colspan="4">贷款银行审批意见<br><br>××银行<br>年 月 日</td></tr>
</table>

（二）贷前调查

1. 与申请人、担保人面谈，调查其基本情况是否与提交的材料相符。

2. 查询“中国人民银行个人信用信息基础数据库”及本行“不良客户黑名单”或“个人客户特别关注系统”等，审查申请人信用风险。

3. 调查担保的真实性，是否按规定办理了手续。

调查完成后，经办人填写“个人汽车贷款调查审批表”，明确调查意见，连同申请材料一并送交审核。

（三）贷款的审查与审批

参照个人商业性住房贷款业务的内容。

（四）贷款的签约与发放

参照个人商业性住房贷款业务的内容。

## 第三节　个人教育贷款

个人教育贷款是商业银行向在读学生或其直系亲属、法定监护人发放的用于满足其就学资金需求的贷款。

### 一、个人教育贷款的分类

根据贷款性质进行划分，个人教育贷款可以分为国家助学贷款和商业助学贷款两大类。

（一）国家助学贷款

国家助学贷款是由国家指定的商业银行面向在校的全日制高等学校经济确实困难的学生（高职学生、本专科学生、研究生以及第二学士学位学生）发放的，用于支付其在校期间的学费、住宿费和日常生活费，并由教育部门设立“助学贷款专户资金”给予财政贴息的贷款。国家助学贷款是一种信用贷款，学生无须提供任何担保，但须承诺毕业后按期还款。国家助学贷款实行“财政贴息、风险补偿、信用发放、专款专用、按期偿还”的原则。中国建设银行、中国农业银行、中国工商银行和中国银行是获批的国家助学贷款经办银行，主要负责国家助学贷款的审批、发放和回收等工作。

（二）商业助学贷款



商业助学贷款是指商业银行向学生或其直系亲属、法定监护人发放的，用于学生支付学费、住宿费、生活费的一种银行贷款。商业助学贷款实行“部分自筹、有效担保、专款专用、按期偿还”的原则。商业银行、农村信用社和城市信用社等金融机构均可发放商业助学贷款。

## 二、国家助学贷款与商业助学贷款的区别

国家助学贷款与商业助学贷款区别的具体内容见表3-2。

表3-2　国家助学贷款与商业助学贷款的区别

| 不同点 | 国家助学贷款 | 商业助学贷款 |
| --- | --- | --- |
| 贷款经办机构不同 | 中国工商银行、中国建设银行、中国农业银行、中国银行 | 各商业银行和城乡信用社 |
| 贷款对象不同 | 家庭经济困难而无力支付学费、住宿费和生活费的全日制本专科学生(含高职生)、研究生和第二学士学位学生(不含港澳台地区) | 年满18周岁、具有完全民事行为能力的在校本专科生、研究生和第二学士学位学生 |
| 贷款利息不同 | 按法定贷款利率执行,国家财政给予贴息 | 按法定贷款利率执行 |
| 贷款担保不同 | 无担保信用贷款 | 采用保证担保、抵押担保、质押担保等形式 |
| 学校介入程度不同 | 学校负责协助经办银行办理贷款 | 学校通常只负责证明借款学生的学生身份及其在校表现 |
| 贷款额度不同 | 全日制本专科生(含第二学位学生、高职生)每人每年不超过8 000元,全日制研究生每人每年不超过12 000元 | 不超过学费、住宿费和基本生活费之和 |
| 贷款期限不同 | 在校学制年限加13年,最长不超过20年 | 通常为在校学制年限加6年 |

## 三、国家助学贷款的业务流程

### （一）受理申请

#### 1. 借款人资格审核

借款人须具备以下条件：

（1）具有完全民事行为能力，若借款人为未成年人，则其法定监护人须签署同意申请贷款的书面声明。

（2）家庭经济困难的本专科生（含高职生）、第二学士学位学生和研究生（不含港澳台地区）。

（3）遵纪守法，诚实守信，学习成绩较好，能够正常完成学业。

（4）有合适的见证人（老师或同学）。

（5）在贷款行开立活期储蓄账户。

#### 2. 借款人须提交的材料

（1）国家助学贷款申请表。

（2）本人学生证和身份证的复印件，未成年人还须提供法定监护人的身份证复印件和书面同意书的原件。

（3）民政部门出具的家庭贫困证明。

（4）两位见证人的身份证复印件和见证人承诺书。

（5）上学年的成绩单，须加盖院章；新生须提供入学通知书。

（6）学费证明。

### （二）学校初审

与其他种类的贷款不同，国家助学贷款的申请受理与初审工作由借款人所在学校承担。借款人在规定时间内向学校提出贷款申请，学校在收齐材料并确认资料的真实性、合法性后，进行为期 5 天的校内公示。初审无误后，学校将相关申请材料和学校的审核意见一并送交经办行。

### （三）银行审查审批

经办行在收到所有申请材料后，于 20 个工作日内完成审查工作，主要审查资料是否齐全，借款人是否具备借款资格，证件复印件与原件是否一致，表格填写内容是否与实际相符等。

### (四)签订合同

审批通过后,学校组织学生填写借款合同和借据,并递交商业银行统一签署。

### (五)贷款发放

国家助学贷款实行“一次申请、一次授信、分期发放”的方式。商业银行一次性地将一个学年内的学费和住宿费贷款划入学校在经办行开立的指定账户,将一个学年内的生活费贷款分10个月逐月发放给学生。

# 第四节　信用卡贷款

## 一、信用卡的含义

信用卡是商业银行或其他财务机构向资信状况良好的人士签发的,用于购物、消费或取现的一种特制卡片。从实质上来讲,信用卡是一种商业银行消费信贷业务,发卡行为持卡人开立一个具有确切信用额度的循环账户,在额度范围内持卡人可以任意刷卡消费,到期还款后,额度会自动恢复。

## 二、信用卡的分类

### (一)按是否向发卡行交存备用金

信用卡分为贷记卡和准贷记卡。贷记卡是指持卡人可在发卡行允许的信用额度内先消费、后还款的一种信用卡。这也是国际上通用的信用卡的概念。准贷记卡是指持卡人可以在预先交存的备用金账户余额不足以支付时,在发卡行允许的信用额度内进行透支的一种信用卡。目前,国内银行发行的信用卡均为贷记卡,即无须预先存款就可以贷款消费的信用卡。

### (二)按信誉等级

信用卡分为普通卡和金卡。顾名思义,普通卡是指具备普通信用等级的一种信用卡;金卡是指具备较高信用等级的一种信用卡。金卡主要面向经济实力强、社会地位高、信誉良好的人士发放,信用额度和服务费用较高。

### (三)按流通范围不同

信用卡分为国际卡和地区卡。国际卡是指可在国际上通用的一种信用卡,如在卡面标有"VISA""MasterCard"字样的信用卡;地区卡是指仅在发卡国国内或一定区域内使用的信用卡,如中国建设银行发行的人民币龙卡。

### (四)按卡片从属关系

信用卡分为主卡和附属卡。主卡是指发卡行向具有完全民事行为能力且维持稳定工作和收入的自然人发放的信用卡;附属卡是指发卡行向主卡持卡人的具有完全民事行为能力的家庭成员和亲友发放的信用卡。附属卡与主卡共享一个账户和信用额度,主卡持卡人可自主确定附属卡的信用额度,主卡持卡人对两种卡所产生的全部债务承担清偿责任。

## 三、信用卡贷款的业务流程

### (一)受理客户申请

申请人须提交以下材料:

1. 主卡与附属卡持卡人的身份证明资料,如身份证、军官证、内地通行证、护照等。

2. 主卡持卡人的工作证明、收入证明以及能够证明经济实力的材料,如房产证、存单等。

3. 填写完整的信用卡申请表。申请人可通过网站、手机APP、营业网点获取信用卡申请表,如实填写后连同以上材料一起交给发卡行。

### (二)资信调查、核准发卡

收到申请后,发卡行须对申请人的基本情况、财务状况、资信情况等进行全面调查,主要包括以下几点:

1. 审核信用卡申请表内容的真实性和完整性。

2. 审核有关证明材料及其附件的真实性和完整性。

3. 评估申请人的信用等级,确定信用卡额度。

审核通过后,发卡行向申请人核准发放信用卡。

### (三)信用卡的使用

1. 持卡人用卡在特约商户处刷卡消费。通常,与发卡行签约的特约商户包括商业、餐饮业、旅游服务业、交通运输业、娱乐业等。

2. 特约商户向持卡人提供商品或劳务。

3. 特约商户填制总计单,连同进账单和签购单一同送交收单行。

4. 收单行审查无误后向特约商户付款。若签购单是由超过有效期或超限额无授权批准或已被止付的信用卡签刷,则收单行有权退单。

5. 划款完成后,收单行将有关单据交付发卡行,发卡行审核无误后可与收单行办理资金清算。

(四)贷款的清偿

在每月账单日,发卡人对信用卡账户当期发生的各项交易、费用等进行汇总结算,确定持卡人本期的还款额与还款日期,同时向持卡人发送付款通知。持卡人可通过预约账户自动扣款、ATM 机还款、手机 APP 还款、银联支付平台转账等方式按时还款。

**【实训】**

1. 上网查找“北京森豪公寓假按揭骗贷案”,分析商业银行受损原因。

2. 对自己毕业 3 年后的情况做个预测,填制“个人住房贷款借款申请书”“个人住房贷款调查申报报告”,判断自己是否符合借款要求。

3. 授信小组根据某个亲朋好友的情况,填制信用卡评分表,判断其是否符合商业银行信用卡客户的要求,并为其制卡。

4. 比较各家商业银行发放的信用卡,并以某家银行为例,分析各类信用卡的适用对象。

# 第四章 公司贷款

☞ **学习目标**

1. 掌握商业银行不同种类公司信贷产品的含义和特点。
2. 理解商业银行不同种类公司信贷产品的配置要求。

☞ **重点难点**

根据各项公司信贷产品的基本含义、特点及准入条件和业务流程,为法人客户配置合适的贷款品种。

商业银行公司信贷产品的种类很多,有固定资产贷款、流动资金贷款、票据融资、委托贷款、项目融资、银团贷款、企业发债担保、仓单质押贷款、法人账户透支、融资租赁、应收账款融资、国际(内)保理融资、出口买(卖)方信贷、银行保函等。

## 第一节 固定资产贷款

### 一、固定资产贷款的品种

固定资产贷款是指商业银行向借款人发放的,主要用于基础设施、市政工程、厂房等固定资产项目的新建、扩建、购置、改造及其相应配套设施建设的中长期本外币贷款。按照用途划分,固定资产贷款可分为基本建设贷款、技术改造贷款、商用房地产开发贷款、企业并购项目贷款等。

#### (一)基本建设贷款

基本建设贷款是指商业银行对经有权机关批准的生产性基本建设项目提供的中长期贷款。贷款用途主要是新建、扩建、改建生产性基本建设项目,如新建厂房或项目、增加设备、扩大规模等,核心在于外延式的扩大再生产。

### (二)技术改造贷款

技术改造贷款是指商业银行对经有权机关批准的企业技术改造和技术引进项目提供的中长期贷款。贷款用途主要是支持企业推广和应用最新的科技成果,用先进的技术替换已经落后的技术,用先进的工艺设备代替已经落后的工艺设备,核心在于内涵式的扩大再生产。

### (三)商用房地产开发贷款

商用房地产开发贷款是指商业银行提供给房地产开发企业,用于写字楼、酒店、商厦、公寓、休闲场所等以经营为目的的房屋建筑项目开发建设的贷款。

### (四)企业并购项目贷款

企业并购项目贷款是指商业银行向并购方企业提供的,用于收购股权或支付资产对价款的贷款。

## 二、固定资产贷款的特征

(一)贷款金额较大。

(二)贷款期限较长,多为中长期贷款,分期偿还。

(三)除必要担保外,通常要求以项目新增固定资产做抵押。

(四)采用逐笔申请、逐笔审核的贷款方法。

## 三、固定资产贷款的期限与利率

固定资产贷款的期限由借贷双方协商确定,主要依据为项目建设时间、借款人的生产经营周期和还款能力等。通常,基本建设贷款的期限为 8 年,最长为 10 年;技术改造贷款的期限为 3 年,最长为 5 年。若固定资产贷款的期限超过 10 年,则商业银行应按照当地监管部门的要求办理备案登记等手续。在借款合同期限内,固定资产贷款可以分次发放,分次收回。

通常,固定资产贷款采用浮动利率,依据央行有关贷款利率政策、商业银行贷款利率管理规定和借款合同的约定而确定。人民币固定资产贷款利率以中国人民银行确定的同期限贷款利率为基准,并在允许的范围内浮动。

## 四、固定资产贷款的流程

### (一)受理借款申请

1. 借款人资格。依据《固定资产贷款管理暂行办法》第 3 条的规定,企(事)业法人和国家许可的其他组织可以成为固定资产贷款的借款人，但自然人不可。

2. 项目资本金要求。依据《国务院关于调整固定资产投资项目资本金比例的通知》，各行业固定资产投资项目的最低资本金比例如下：①钢铁、电解铝项目的最低资本金比例为40%；②水泥项目的最低资本金比例为35%；③煤炭、电石、铁合金、烧碱、焦炭、黄磷、玉米深加工、机场、港口、沿海及内河航运项目的最低资本金比例为30%；④铁路、公路、城市轨道交通、化肥（钾肥除外）项目的最低资本金比例为25%；⑤保障性住房和普通商品住房项目的最低资本金比例为20%，其他房地产开发项目的最低资本金比例为30%；⑥其他项目的最低资本金比例为20%。

3. 借款人提交固定资产贷款申请书（见例4－1）。

**【例4－1】 固定资产贷款申请书**

固定资产贷款申请书

<table>
<tr><td colspan="2">申请人（全称）</td><td colspan="3"></td><td>法定代表人</td><td colspan="2"></td></tr>
<tr><td colspan="2">地址住所</td><td colspan="3"></td><td>联系电话</td><td colspan="2"></td></tr>
<tr><td colspan="2">项目名称</td><td colspan="3"></td><td>项目性质</td><td colspan="2"></td></tr>
<tr><td colspan="2">基本存款账户行</td><td colspan="3"></td><td>基本存款账号</td><td colspan="2"></td></tr>
<tr><td colspan="2">在我行开立何种账户</td><td colspan="3"></td><td>账号</td><td colspan="2"></td></tr>
<tr><td colspan="2">贷款卡（证）号</td><td colspan="2"></td><td>信用等级</td><td></td><td>评定年度</td><td></td></tr>
<tr><td colspan="2">项目投资总额</td><td colspan="6">人民币（大写）：</td></tr>
<tr><td rowspan="10">项目投资构成</td><td>项目</td><td>金额</td><td colspan="2">资金来源渠道</td><td>金额</td><td colspan="2">计划投入日期</td></tr>
<tr><td>土建工程</td><td></td><td rowspan="3">资本金</td><td>国家资本</td><td></td><td colspan="2"></td></tr>
<tr><td>生产设备</td><td></td><td>企业资本</td><td></td><td colspan="2"></td></tr>
<tr><td>附属设备</td><td></td><td>个人资本</td><td></td><td colspan="2"></td></tr>
<tr><td>安装费用</td><td></td><td rowspan="4">其他自筹资金</td><td>财政借款</td><td></td><td colspan="2"></td></tr>
<tr><td>建设期利息</td><td></td><td>其他单位借款</td><td></td><td colspan="2"></td></tr>
<tr><td>其他费用</td><td></td><td></td><td></td><td colspan="2"></td></tr>
<tr><td>流动资金</td><td></td><td></td><td></td><td colspan="2"></td></tr>
<tr><td></td><td></td><td colspan="2"></td><td></td><td colspan="2"></td></tr>
<tr><td>合计</td><td></td><td colspan="2"></td><td></td><td colspan="2"></td></tr>
</table>

<table>
<tr><td colspan="2">申请借款金额</td><td colspan="6">人民币（大写）：</td></tr>
<tr><td colspan="2">借款期限</td><td colspan="6">个月，自　　年　　月起至　　年　　月止</td></tr>
<tr><td rowspan="4">借款用途</td><td colspan="7"></td></tr>
<tr><td colspan="7"></td></tr>
<tr><td colspan="7"></td></tr>
<tr><td colspan="7"></td></tr>
<tr><td rowspan="7">用款计划</td><td>日期</td><td colspan="2">金额</td><td rowspan="7">还款计划</td><td>日期</td><td colspan="2">金额</td></tr>
<tr><td>年　月</td><td colspan="2"></td><td>年　月</td><td colspan="2"></td></tr>
<tr><td>年　月</td><td colspan="2"></td><td>年　月</td><td colspan="2"></td></tr>
<tr><td>年　月</td><td colspan="2"></td><td>年　月</td><td colspan="2"></td></tr>
<tr><td>年　月</td><td colspan="2"></td><td>年　月</td><td colspan="2"></td></tr>
<tr><td>年　月</td><td colspan="2"></td><td>年　月</td><td colspan="2"></td></tr>
<tr><td>年　月</td><td colspan="2"></td><td>年　月</td><td colspan="2"></td></tr>
<tr><td rowspan="9">立项批准情况</td><td>项目</td><td>批准单位及文号</td><td>批准日期</td><td rowspan="9">建设条件</td><td>项目</td><td>批准单位及文号</td><td>批准量</td></tr>
<tr><td>项目建议书</td><td></td><td></td><td>新增土地</td><td></td><td></td></tr>
<tr><td>项目可行报告</td><td></td><td></td><td>建筑面积</td><td></td><td></td></tr>
<tr><td>项目扩充计划</td><td></td><td></td><td>增加用电</td><td></td><td></td></tr>
<tr><td>项目投资计划</td><td></td><td></td><td>增加用水</td><td></td><td></td></tr>
<tr><td>环保报告</td><td></td><td></td><td>三废治理</td><td></td><td></td></tr>
<tr><td>开工批准文件</td><td></td><td></td><td></td><td></td><td></td></tr>
<tr><td></td><td></td><td></td><td></td><td></td><td></td></tr>
<tr><td></td><td></td><td></td><td></td><td></td><td></td></tr>
<tr><td colspan="2">计划开工时间</td><td></td><td colspan="2">计划竣工时间</td><td></td><td>计划投产时间</td><td></td></tr>
</table>

<table>
<tr><td rowspan="16">担保情况</td><td rowspan="4">保证</td><td>保证人全称</td><td colspan="2"></td><td colspan="2">信用等级</td><td></td></tr>
<tr><td>基本存款账户行</td><td colspan="2"></td><td colspan="2">基本存款账号</td><td></td></tr>
<tr><td>保证人全称</td><td colspan="2"></td><td colspan="2">信用等级</td><td></td></tr>
<tr><td>基本存款账户行</td><td colspan="2"></td><td colspan="2">基本存款账号</td><td></td></tr>
<tr><td rowspan="4">抵押</td><td>抵押人全称</td><td colspan="2"></td><td colspan="2">是否设定其他担保</td><td></td></tr>
<tr><td>主要抵押物</td><td></td><td>现值</td><td></td><td>权属证明</td><td></td></tr>
<tr><td>抵押人全称</td><td colspan="2"></td><td colspan="2">是否设定其他担保</td><td></td></tr>
<tr><td>主要抵押物</td><td></td><td>现值</td><td></td><td>权属证明</td><td></td></tr>
<tr><td rowspan="8">质押</td><td>出质人全称</td><td></td><td></td><td colspan="2"></td><td></td></tr>
<tr><td>质物名称</td><td></td><td>现值</td><td></td><td>权属证明</td><td></td></tr>
<tr><td>出质人全称</td><td></td><td></td><td colspan="2"></td><td></td></tr>
<tr><td>质物名称</td><td></td><td>现值</td><td></td><td>权属证明</td><td></td></tr>
<tr><td colspan="3">申请人（公章）<br>法定代表人（负责人）或授权代理人：<br><br>年　月　日</td><td colspan="2">担保人意见：<br>担保人（公章）<br>法定代表人（负责人）或授权代理人：<br><br>年　月　日</td><td colspan="2">担保人意见：<br>担保人（公章）<br>法定代表人（负责人）或授权代理人：<br><br>年　月　日</td><td>银行受理意见：<br>客户经理：<br>客户部门负责人：<br><br>年　月　日</td></tr>
</table>

4. 项目批准文件。若为政府投资的项目，则须提供有权部门同意立项的批准文件（如可行性研究报告及其批复文件或资金申请报告及其批复文件）；若为需政府核准的项目，则须提供有权部门核准文件；若为适用备案制的项目，则须取得地方主管机关核发的“基本建设投资项目备案证”。

5. 环境影响报告书及批准文件。

6. 国有土地使用证、建设用地规划许可证、建设工程规划许可证、建设工程开工证。

### （二）贷前调查

商业银行对借款人的信用等级以及项目的合法性、安全性、盈利性等情况进行尽职调查，核实抵（质）押物、保证人情况，形成评估意见。贷前尽职调查的内容主要包括：

1. 调查借款人及项目发起人等相关关系人的基本情况。
2. 调查贷款项目是否符合国家产业政策、行业发展规划和市场准入标准。
3. 调查贷款项目实施的可行性。
4. 评估贷款项目资本金的来源及其充足性和可靠性。
5. 评估贷款收益与风险。
6. 评估保证人或抵（质）押物的担保能力。

### （三）贷款审查与审批

按相关规定，审查部门对材料中的不明事项，应要求经营机构做出补充或解释说明。审查工作完成后，审查人填写固定资产贷款审批单（见例4－2）并提出审查意见，提交有权审批人审批。

**【例4－2】　固定资产贷款审批单**

固定资产贷款审批单

<table>
<tr><td>借款人名称</td><td colspan="3"></td><td>贷款类型</td><td colspan="3"></td></tr>
<tr><td>借款人地址</td><td colspan="3"></td><td>信用等级</td><td colspan="3"></td></tr>
<tr><td>币种与金额</td><td></td><td>贷款利率</td><td></td><td>贷款用途</td><td colspan="3"></td></tr>
<tr><td>贷款期限</td><td></td><td>提款有效期</td><td></td><td>宽限期</td><td></td><td>贷款方式</td><td></td></tr>
<tr><td rowspan="2">基本要素审查</td><td colspan="3">借款人及担保资料是否齐备</td><td>是□　否□</td><td colspan="3" rowspan="2">遗漏资料或事项：</td></tr>
<tr><td colspan="3">信贷业务内部调查、分析材料是否齐备合格</td><td>是□　否□</td></tr>
<tr><td rowspan="3">主体资格审查</td><td colspan="3">借款人主体资格是否合法</td><td>是□　否□</td><td colspan="3" rowspan="3">存在问题：</td></tr>
<tr><td colspan="3">贷款项目是否符合贷款条件</td><td>是□　否□</td></tr>
<tr><td colspan="3">担保人是否具备担保资格，抵（质）押物是否足值</td><td>是□　否□</td></tr>
</table>

<table>
<tr><td rowspan="3">信贷政策审查</td><td colspan="3">项目来源和程序是否合法</td><td>是□否□</td><td colspan="2" rowspan="3">存在问题：</td></tr>
<tr><td colspan="3">项目建设是否符合产业政策</td><td>是□否□</td></tr>
<tr><td colspan="3">贷款用途、期限、方式、价格等是否符合本行信贷政策</td><td>是□否□</td></tr>
<tr><td rowspan="2">信贷风险审查</td><td colspan="6">授信审批意见：</td></tr>
<tr><td colspan="6">内部评级意见：</td></tr>
<tr><td rowspan="3">表决意见(✓)</td><td>同意</td><td></td><td>不同意</td><td></td><td>再议</td><td></td></tr>
<tr><td colspan="6">理由：</td></tr>
<tr><td colspan="6">限制性条款及其他建议：</td></tr>
</table>

审批人对固定资产贷款项目进行全面的风险评价，并形成风险评估报告，明确审批意见。

### (四)银行出具贷款承诺函

固定资产贷款承诺函是指商业银行向申请人出具的，助其在报批项目可行性研究报告时，向国家有关部门证明银行已对该项目建设做出贷款支持的一种书面承诺文件。应借款人的要求，商业银行可为经审批同意的贷款出具贷款承诺函。通常在有效期内，银行不会撤销贷款承诺，但在借款人或贷款项目出现重大变化并已影响到贷款安全时，银行有权依约变更或撤销贷款承诺。固定资产贷款承诺函的举例见例4-3。

**【例4-3】 固定资产贷款承诺函**

固定资产贷款承诺函

<table><tr><td>

编号：

固定资产贷款承诺函

______________(借款人名称)：

贵公司关于_______(项目名称)的项目贷款申请，经我行评估审查，同意在符合以下前提的情况下：1. 符合国家产业政策；2. 符合×××产业发展规划；3. 产物发展前景巨大。对该项目提供固定资产贷款_______元。如果贵公司违反以上承诺，我行有权变更或撤销本承诺。

本承诺仅限于项目审批时向国家有关部门说明项目和投资的落实情况。如遇国家有关政策发生变化、项目建设方案和投资计划发生重大调整以及项目业主出现重大经营变故，则以上承诺需经我行重新确认方可继续有效。

本承诺函只有正本有效，有效期为自开出之日起到正式签订借款合同时止，最长不超过6个月(即至××××年×月×日自行失效)。

××××银行(盖章)

法定代表人/负责人：

承诺人：

年 月 日

</td></tr></table>

# 第二节 流动资金贷款

## 一、流动资金贷款的含义

流动资金贷款是指商业银行为满足企(事)业法人正常生产经营周转或临时性、季节性的资金需求而发放的本外币贷款。流动资金贷款具有期限短、手续简便、周转性强、融资成本低等特点，是客户最为频繁申请的一种贷款。

## 二、流动资金贷款的分类

### (一)按贷款期限

流动资金贷款分为临时流动资金贷款、短期流动资金贷款和中期流动资金贷款。

临时流动资金贷款的期限在3个月(含)以内;短期流动资金贷款的期限为3个月(不含)至1年(含);中期流动资金贷款的期限为1年(不含)以上3年(含)以下。

### (二)按贷款的使用方式

流动资金贷款分为一般流动资金贷款和可循环流动资金贷款。

一般流动资金贷款是指借款人需逐笔申请审批、不得循环使用的流动资金贷款。可循环流动资金贷款是指在贷款合同有效期内,借款人可按约定的额度和方式多次提款、随借随还、循环使用的流动资金贷款。借款人用款只需填写借据,免除了反复的审批程序。银行依据该贷款业务实际发生的贷款期限,按天计收利息,并在借款合同签订后,一次性收取贷款承诺费。通常,可循环流动资金贷款合同实行一年一签,但对AAA级客户,最长可放宽至3年。

### (三)按担保方式

流动资金贷款分为信用贷款、保证贷款、抵押贷款和质押贷款。

## 三、流动资金贷款的主要品种

### (一)法人账户透支

**1. 产品含义**

法人账户透支是指根据客户的申请,商业银行在一定的授信额度内给予约定的账户透支便利的一种短期融资。

**2. 产品特点**

(1)法人账户透支极大地简化了商业银行流动资金贷款的审批流程和手续,最大限度地满足客户临时性资金周转的需求。申请人应是经营情况正常、财务管理规范、信用等级高的企业法人。

(2)法人账户透支可以有效减少企业资金的无效闲置。因此,该产品主要针对综合收益较高的高端客户群,否则,单纯做法人账户透支业务对商业银行将事倍功半。商业银行会要求客户将主要结算业务都放在该行,用结算回款偿还透支金额。

(3)法人账户透支允许企业在存款账户余额不足以满足支付需要时,在商业银行规定的额度内进行透支。在有效期内,企业可连续使用透支资金,但未清偿的透支余额不得超过透支额度。企业可随时归还透支资金本息,商业银行按照该透支金额恢复其透支额度。



(4)法人账户透支按照流动资金贷款利率计收利息。如果企业在当天营业日结束前将透支资金归还，则不计收利息；持续透支有效期为 90 天。

### （二）有价证券质押贷款

**1. 产品含义**

有价证券质押贷款是指商业银行以借款人所有的存单、股票、债券、汇票、本票、支票等有价证券作为质押，向借款人发放的用于满足其经营周转或临时性、季节性资金需求的短期贷款。有价证券质押贷款主要有股票质押贷款、国债质押贷款、银行存单质押贷款、银行承兑汇票质押贷款等。

**2. 产品特点**

有价证券质押贷款的审批时间短、手续简便，用于质押的有价证券收益无损失，不占用借款人的授信额度。

**3. 对有价证券的要求**

（1）有价证券须为申请人名下资产，无瑕疵，申请人拥有独立所有权、处分权和受益权。

（2）若有价证券并非为申请人名下资产，则申请人须获得合法授权或背书，并满足上款要求。

（3）质物符合法律规定，易于转让、变现。股票应为已上市的绩优股；债券的信用评级应为投资级以上，视各行的规定而定。

（4）质押率依据申请人信用等级和质物品质而定。

### （三）搭桥贷款

**1. 产品含义**

搭桥贷款是指商业银行为解决企业经营过程中阶段性、临时性资金需求而向其发放的一种过桥性短期流动资金贷款，也称过桥贷款。搭桥贷款的还款来源是企业的另一项融入资金，并非其经营性现金流。

**2. 产品特点**

搭桥贷款期限短，还款来源明确，适合与其他信贷产品一起搭售。

**3. 适用对象**

**(1)上市或拟上市公司**

虽然上市公司配股、增发扩股和拟上市公司发行新股的方案已获得国家证监部门批准，但是募集的资金尚未到位，在有券商担保的情况下，商业银行可以向公司提供搭桥贷款以满足其临时性资金需求。此种搭桥贷款的还款来源为上市或拟上市公司公开募集的资金，期限最长不超过1年。

**(2)由政府投资建设的项目**

虽然企(事)业法人单位已经获准承担政府投资建设项目、基础设施建设项目或大型采购项目且资金已经落实，但是项目资金暂时无法拨付到位，此种情况下，商业银行可以向企(事)业法人单位提供搭桥贷款以满足其前期开工或备货垫付资金的需求。此种搭桥贷款的还款来源为已经获批拨付的项目资金。

**(3)房地产开发商**

在有明确担保的情况下，商业银行向已经取得土地使用权的房地产开发商提供搭桥贷款，以助其缴清土地出让金并顺利得到国有土地使用权证。房地产开发商在取得国有土地使用权证后，将其抵押给贷款银行，获得房地产开发贷款。此种搭桥贷款的还款来源为房地产开发贷款。

## 四、流动资金贷款的流程

### (一)受理借款申请

**【例4-4】 企业信贷业务申请书**

企业信贷业务申请书

| 客户基本信息 | |
| --- | --- |
| 借款人(全称) | |
| 所属行业 | |

<table>
<tr><td colspan="2">借款人类型</td><td colspan="3">□有限责任公司 □股份制公司 □其他</td></tr>
<tr><td colspan="2">已持续经营年限</td><td colspan="3">□1 年以下 □1 年以上 3 年以下 □3 年以上</td></tr>
<tr><td colspan="2">在我行开户年限</td><td colspan="3">□1 个月以下 □3 个月以上 1 年以下 □1 年以上 □新客户</td></tr>
<tr><td colspan="2">上年度销售收入</td><td></td><td>上年度总资产</td><td></td></tr>
<tr><td colspan="2">股东个人信用情况</td><td></td><td>企业信用情况</td><td></td></tr>
<tr><td colspan="2">联系人</td><td></td><td>手机</td><td></td></tr>
<tr><td colspan="2">电话/传真</td><td></td><td>通信地址</td><td></td></tr>
<tr><td colspan="5">客户贷款资料</td></tr>
<tr><td colspan="2">借款金额</td><td colspan="3"></td></tr>
<tr><td colspan="2">借款期限</td><td colspan="3">(    )个月</td></tr>
<tr><td colspan="2">借款用途</td><td colspan="3">□流动资金周转 □其他</td></tr>
<tr><td colspan="2">还款来源</td><td colspan="3"></td></tr>
<tr><td rowspan="2">担保方式</td><td>抵押</td><td colspan="3">自然人的不动产(不接受以产权人及其所抚养家属生活必需的商品房住宅作为抵押):<br>□商品房住宅 □商用物业 □标准工业厂房 □土地<br>企业法人的不动产:<br>□商品房住宅 □商用物业 □工业标准厂房 □土地</td></tr>
<tr><td>质押</td><td colspan="3">□存单 □国债 □保证金<br>□银行承兑汇票 □标准仓单 □其他</td></tr>
</table>

<table>
<tr><td>提交资料</td><td>□营业执照 □企业法人代码证 □公司章程 □贷款证 □身份证<br>□抵(质)押物清单、权属证书和评估报告<br>□资产负债表、损益表和现金流量表的年报表及最近一期报表<br>□借款人有权机构决议 □担保单位有权机构决议<br>□保证人营业执照和公司章程 □担保意向书及保证人相关资料<br>□其他</td></tr>
<tr><td colspan="2">声明与保证<br>一、借款申请人声明与保证<br>1. 本人保证上述所提供的信息和资料的真实性、准确性和完整性,同意并授权贵行向有关方面查证。<br>2. 在签署本申请表格之前已充分了解了贵行贷款业务的管理规定,已充分理解根据该规定所办理业务的法律后果,在此基础上同意向贵行申请贷款业务。<br><br>申请人(公章)<br>法定代表人或授权人(签字):<br>年 月 日<br><br>二、抵(质)押物共有人声明与保证<br>本人完全理解抵(质)押行为的法律后果,并在此基础上同意将与借款申请人共同拥有的抵(质)押物用于向贵行申请贷款业务的抵(质)押担保。<br><br>抵(质)押物共有人(签字):<br>年 月 日</td></tr>
</table>

## (二)贷前调查

1. 调查企业法人营业执照和年检合格证明;组织机构代码证;公司章程。

2. 调查企业法定代表人身份证明及基本信息;董事会成员、主要经营负责人、财务负责人名单及基本信息。

3. 调查企业法人近三年经审计的资产负债表、损益表和权益变动表。对于成立不足三年的企业,须调查其自成立以来的年度报表,当年最近一个季末的财务报表。

4. 调查企业法人对外担保清单和本年度存、借款情况;近期销货记录、年度营运计划和现金流量预测。



5. 调查国家规定的安全生产、环保核查等证件和年审证明。

### （三）贷款审查与审批

在对基本要素、主体资格、信贷政策、信贷风险等方面进行审查后，审查人出具贷款审查报告，提出审查结论和相关问题的限制性条款。经贷款审查委员会及专职审批人审批通过后，正式行文通知有关单位执行。

# 第三节　票据融资

## 一、票据融资（贴现）的含义

票据融资是指持票人将未到期的票据转让给商业银行，商业银行将票面金额扣除贴现利息后的余额支付给持票人的一种融资行为，也称票据贴现。票据贴现可帮助企业盘活资金，降低融资成本，满足其短期融资需求。

## 二、票据融资（贴现）的分类

### （一）按申请人不同

票据融资（贴现）划分为直贴现、转贴现和再贴现。

直贴现是指企（事）业法人或其他经济组织向金融机构申请办理的贴现业务；转贴现是指各金融机构之间办理的贴现业务；再贴现则是指金融机构向央行申请办理的贴现业务。

### （二）按承兑人不同

票据融资（贴现）划分为银行承兑汇票贴现和商业承兑汇票贴现。

### （三）按贴现利息支付人不同

票据融资（贴现）划分为卖方付息贴现、买方付息贴现和协议付息贴现。

卖方付息贴现是人们通常所说的贴现，即由作为申请人的卖方承担全部贴现利息的一种银行授信业务；买方付息贴现是指票据持有人（卖方）将未到期银行承兑汇票转让给银行，由买方承担全部贴现利息、卖方获得票面金额全款的一种银行授信业务；协议付息贴现则是指根据合同约定的比例，由买卖双方共同承担贴现利息的一种票据行为。

## 三、票据融资(贴现)期限和利息

贴现期限(天数)是指从贴现之日起至汇票到期日止的这段时间,最长不超过6个月,"算头不算尾"。若汇票到期日遇法定公休、节假日,则贴现天数须加计实际顺延付款天数。若承兑人在异地,则贴现期限应另加3天的划款日期。

根据央行规定,贴现利率是在当前再贴现利率的基础上加一定的百分点(银行与客户协商确定),且不超过同期贷款利率,计算公式如下:

贴现利息 = 票面金额 × 贴现天数 × (贴现月利率/30)

实付贴现金额 = 票面金额 - 贴现利息

## 四、票据融资(贴现)的流程

### (一)银行承兑汇票贴现的流程

**1. 受理申请**

申请人办理银行承兑汇票贴现,需要提交以下材料:

(1)银行承兑汇票贴现业务申请书(见例4-5)。

**【例4-5】 银行承兑汇票贴现业务申请书**

银行承兑汇票贴现业务申请书

| | |
|---|---|
| 贴现申请人全称: | 经济性质:<br>账号: |
| 收款人全称:<br>账号: | 付款人全称:<br>账号: |
| 汇票签发人全称: | 汇票承兑银行: |

<table>
<tr><td colspan="3">交易合同号：</td><td colspan="2">增值税发票号：</td></tr>
<tr><td colspan="5">承兑协议编号：</td></tr>
<tr><td colspan="5">汇票具体内容</td></tr>
<tr><td>汇票编号</td><td>汇票金额</td><td>贴现金额</td><td>汇票签发日</td><td>汇票到期日</td></tr>
<tr><td></td><td></td><td></td><td>年 月 日</td><td>年 月 日</td></tr>
<tr><td colspan="5">背书转让顺序：</td></tr>
<tr><td colspan="5">交易合同主要内容摘录：</td></tr>
<tr><td colspan="5">所购商品的市场销售或生产耗用情况：</td></tr>
<tr><td colspan="5">贴现贷款的保证单位或抵(质)押物名称：</td></tr>
<tr><td colspan="5">贴现贷款用途：</td></tr>
<tr><td colspan="5">汇票承兑行与付款人的业务关系：<br>□长期银企合作关系 □背书转让关系 □初次结算 □其他</td></tr>
<tr><td colspan="5">贴现申请人保证：<br>1. 所提供的资料，数据绝对真实。<br>2. 票据到期日，如付款单位不能按期承付，由本单位全额承付，或在本单位账户上扣除。<br>3. 上述保证具有法律效力，在诉讼时放弃抗辩权。</td></tr>
<tr><td colspan="5">以上申请请予审核办理。<br>此致<br>贴现申请单位：(盖章)<br>法定代表人签字：<br>经办人(签章)：<br>年 月 日</td></tr>
</table>

(2)依据《中华人民共和国票据法》的规定签发的、经有承兑资格的银行承兑的未到期有效汇票，基本要素齐全，且未注明“不得转让”“质押”“委托收款”等字样，持票人为最后合法持有人；单张汇票金额不超过1 000万元。

(3)贴现汇票项下的商品交易、劳务合同原件和复印件,以及能够证明票据项下的交易确已履行的凭证(如增值税专用发票和商品发货单)原件和复印件,或者其他能够证明贴现汇票合法持有的文件。

(4)企业法人资格证明和有关法律文件,公司章程,经年审合格的企业法人营业执照,企业法人代表证明或授权委托书,董事会决议,近期财务报表。

(5)商业银行要求提供的其他材料。

**2. 贴现调查**

商业银行公司信贷部门须重点调查贴现票据及商品交易的真实性、合法性;企业三大财务报表;企业信用等级与风险度测算,以备做好汇票票款的追偿。

(1)调查“银行承兑汇票贴现业务申请书”“银行承兑汇票贴现业务担保协议书”“贴现凭证”(见例4-6)的内容和形式是否符合要求,是否与贴现票据上的日期、账号、合同号码、金额、利率、印鉴等要素相符并填写完整。

**【例4-6】 ××银行贴现凭证**

××银行贴现凭证

填写日期　　年　　月　　日

<table>
<tr><td rowspan="3">贴现汇票</td><td>种类</td><td></td><td>号码</td><td></td><td rowspan="3">申请人</td><td>名称</td><td colspan="11"></td></tr>
<tr><td>出票日</td><td colspan="3">年　月　日</td><td>账号</td><td colspan="11"></td></tr>
<tr><td>到期日</td><td colspan="3">年　月　日</td><td>开户银行</td><td colspan="11"></td></tr>
<tr><td colspan="2">汇票承兑人（或银行）名称</td><td colspan="2"></td><td colspan="3">开户银行</td><td colspan="11"></td></tr>
<tr><td colspan="2" rowspan="2">汇票金额（即贴现金额）</td><td colspan="5" rowspan="2">人民币（大写）</td><td>亿</td><td>千</td><td>百</td><td>十</td><td>万</td><td>千</td><td>百</td><td>十</td><td>元</td><td>角</td><td>分</td></tr>
<tr><td></td><td></td><td></td><td></td><td></td><td></td><td></td><td></td><td></td><td></td><td></td></tr>
<tr><td colspan="2">贴现率（每年）</td><td>（　%）</td><td colspan="2">Shibor报价</td><td colspan="13">年　月　日 Shibor（　　）期限 +□　点数<br>−□</td></tr>
<tr><td rowspan="2">贴现利息</td><td>亿</td><td>千</td><td>百</td><td>十</td><td>万</td><td>千</td><td>百</td><td>十</td><td>元</td><td>角</td><td>分</td><td rowspan="2">实付贴现金额</td><td>亿</td><td>千</td><td>百</td><td>十</td><td>万</td><td>千</td><td>百</td><td>十</td><td>元</td><td>角</td><td>分</td></tr>
<tr><td></td><td></td><td></td><td></td><td></td><td></td><td></td><td></td><td></td><td></td><td></td><td></td><td></td><td></td><td></td><td></td><td></td><td></td><td></td><td></td><td></td><td></td></tr>
</table>

| | | | |
|---|---|---|---|
| 兹根据《支付结算办法》的规定，附送承兑汇票申请贴现，请审核。<br>此致<br>××银行<br><br>申请人盖章 | 银行审批 | 负责人 信贷客户经理 | 复核 记账 |

（2）调查贴现票据上的基本要素是否填写完整、规范、合法，背书是否连续，背书上的企业公章（或财务专用章）、法人代表签章（或授权委托代理人签章）是否齐全、清晰；申请人与其直接前手之间是否具有真实的交易关系和债权债务关系；贴现票据上是不是未注明“不得转让”“质押”“委托收款”等字样；贴现期限是不是最长不超过6个月。

（3）调查申请人是否为汇票的合法持有人，其提交的营业执照、有权机构授权申请贴现的文件、增值税发票等材料是否真实、合法、有效。

**3. 照票核实**

照票是指商业银行利用网络或承兑行提供的信息核实商业汇票真伪的一种行为。贴现银行会计部门可登录中国人民银行大额实时支付系统查询贴现票据的真伪，也可利用本行资金汇划系统向承兑行查询，或请求承兑行提供贴现票据底卡进行核实。若为借助承兑行进行核实，则查询行会计部门须取得承兑行的书面回复。照票核实的结果以“银行承兑汇票查询书”（见例4－7）的形式反馈给公司信贷业务部门。

**【例4－7】 银行承兑汇票查询书**

银行承兑汇票查询书

| 汇票号码 | | 汇票金额（元） | |
|---|---|---|---|
| 汇票签发日期 | 年 月 日 | 汇票到期日期 | 年 月 日 |
| 承兑行全称 | | | |

<table>
<tr><td>承兑行地址</td><td colspan="3"></td></tr>
<tr><td colspan="4">查询核实内容</td></tr>
<tr><td colspan="4">上述汇票是否由贵行承兑、是否真实合法有效、是否挂失止付？贵行是否收到法院的止付通知书和公示催告？他行是否办理过查询？<br>查询人签名<br>查询行章</td></tr>
<tr><td>查询时间</td><td colspan="3">年　月　日　上/下午　时　分</td></tr>
<tr><td>被查询人姓名</td><td></td><td>职务/部门</td><td></td></tr>
<tr><td>电话号码</td><td></td><td>传真号码</td><td></td></tr>
<tr><td>电报挂号</td><td></td><td>邮编</td><td></td></tr>
<tr><td colspan="4">查询证实结果</td></tr>
<tr><td colspan="4">上述汇票是我行承兑，真实合法有效，未挂失止付，我行未收到法院的止付通知书和公示催告，没有他行办理过查询。我行保证到期无条件付款。<br>被查询人签名<br>承兑行章</td></tr>
</table>

**4. 贴现审批**

商业银行逐级审批，并计算实付贴现金额。

**5. 签订贴现协议**

审批同意后，贴现行有权签字人须在贴现凭证（一式五联）的“银行审批”栏签注“同意”字样并签字。贴现行与申请人签署“银行承兑汇票贴现协议书”（见例 4－8）一式三份，一份留在公司信贷部存档，一份交付申请人，另一份贴现协议书连同银行承兑汇票、贴现凭证一起交付营业部门（柜台）。

**【例4-8】 商业银行承兑汇票贴现协议书**

商业银行承兑汇票贴现协议书

编号:(　　)________字第________号

商业银行承兑汇票贴现协议书

贴现人(下称甲方):××银行____________________行

法定代表人(或授权代理人):____________________

地址:________________________________________

贴现申请人(下称乙方):____________________

法定代表人(或授权代理人):____________________

开户银行:________________________________________

账号:________________________________________

企业(法人)营业执照号码:____________________

甲乙双方根据《中华人民共和国票据法》和其他有关法律、法规的规定,本着平等、自愿、诚实信用的原则,经充分协商达成如下条款,以资共同遵照执行。

第一条　贴现金额及份数

乙方提供银行承兑汇票(大写)________(小写)________份,合计票面金额人民币(大写)________(小写)________元,向甲方申请办理贴现;经甲方审核,同意对上述银行承兑汇票(大写)________(小写)________份,合计票面金额人民币(大写)________(小写)________元办理贴现。

第二条　甲乙双方商定

贴现利率为________%;实际划款金额为(大写)________(小写)________元。

第三条　甲乙双方的权利与义务

1. 甲方托收本协议项下的银行承兑汇票时,如遇承兑行拒绝付款,甲方将按《中华人民共和国票据法》和其他有关法律、法规及本协议第五条的规定向乙方追索。

2. 甲方经审查并同意办理贴现的票款于当日划付,并在合理期间内按双方选择的划款方式将款项汇入乙方指定的银行账户;乙方指定的银行账户为:户名__________,开户银行______________,账号________________。

3. 若甲方违反本条第2款的规定,乙方有权要求甲方返还违约部分票据。

4. 乙方保证本协议项下票据的取得符合票据法及相关法律的规定;银行承兑汇票及其提供的所有资料合法、真实、有效,因不符合上述事项而引起的任何损失概由乙方负责。

第四条 违约责任

甲乙双方未履行协议规定的义务给对方造成损失的，应予赔偿。

第五条 追索和迟付利息的计算

甲方在其为乙方办理贴现的每份银行承兑汇票项下对乙方享有追索权。甲方应当将被拒绝付款事由书面通知乙方，乙方应保证在收到甲方追索通知之次日起3个工作日内，将被拒绝付款的汇票金额及迟收利息（汇票金额自到期日或提示付款日起至清偿日止，按中国人民银行规定的利率计算）划入甲方指定账户，并在甲方收妥前述款项后将票据取回。

第六条 争议的解决方式

本协议未尽事项，可由双方友好协商或诉讼方式解决，采取诉讼方式解决的应在甲方所在地人民法院提起诉讼。

第七条 协议的生效

本协议正本一式两份，自甲乙双方法定代表人或授权代理人签字或盖章并加盖公章之日起生效。双方各执一份，具有同等法律效力。

第八条 双方的其他约定

______________________________________________

______________________________________________

第九条 银行承兑汇票清单

| 序号 | 汇票号码 | 汇票签发日 | 汇票到期日 | 承兑银行 | 汇票金额 |
|---|---|---|---|---|---|
| | | | | | |
| | | | | | |
| | | | | | |

甲方：××银行________行　　　　乙方：______________

______________　　　　______________

（盖章）　　　　（盖章）

法定代表人（或授权代理人）：　　　　法定代表人（或授权代理人）：

年　月　日　　　　年　月　日

经有权人签章后，营业部门将贴现凭证送至会计部门办理贴现事宜。会计部门收到贴现凭证后，在审查确认无误后，要求持票人对拟贴现的银行承兑汇票当面做转让背书。会计部门在贴现凭证上填入贴现率、贴现利息和实付贴现金额后，将第一、二、三联作为账务处理的核算凭证，并将实付贴现资金转至申请人指定账户；将加盖转讫章后的第四联交付申请人，作为收款通知；将第五联贴现凭证与银行承兑汇票按到期日顺序排列，专夹保管。

## （二）商业承兑汇票保贴的流程

### 1. 商业承兑汇票保贴的含义

商业承兑汇票保贴是指在预先核定的贴现额度内，银行承诺对符合授信资格的企业签发或持有的商业承兑汇票予以贴现，即给予企业保贴额度的一种银行授信业务。申请保贴额度的企业既可以是票据承兑人，也可以是票据持票人。商业承兑汇票保贴业务主要针对实力较强、财力雄厚的大型企业集团。

### 2. 商业承兑汇票保贴的优点

（1）商业承兑汇票的变现能力和流通性大大提高。因银行在商业承兑汇票上加具了书面保贴函或记载了保贴承诺，所以，可将之视同为银行承兑汇票，增强了流通性。

（2）相较于银行承兑汇票而言，商业承兑汇票保贴可为承兑人节省一定的保证金和承兑手续费，并且承兑人可根据结算需要而随时签发汇票，增强了灵活性。

（3）持票人能够快速获得资金融通，提高了资金的使用效率。

### 3. 商业承兑汇票保贴的业务流程

#### （1）商业承兑汇票承兑人保贴业务流程

商业承兑汇票承兑人保贴业务流程的具体内容见图 4－1。

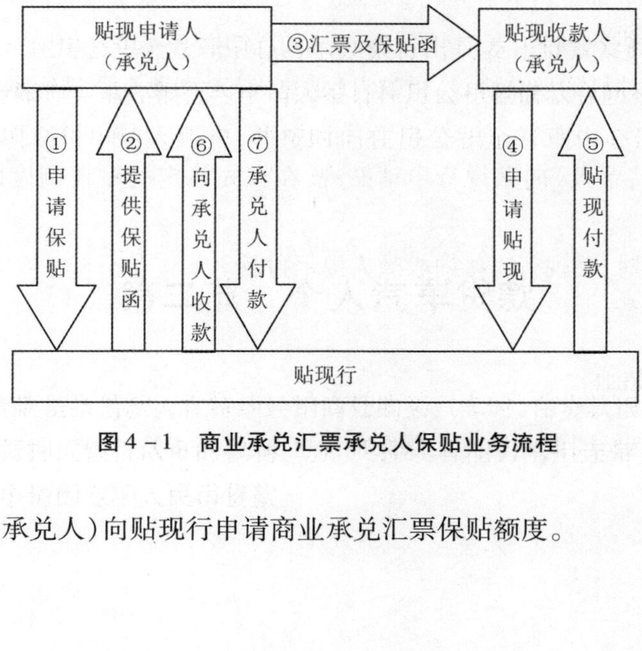


**图 4－1 商业承兑汇票承兑人保贴业务流程**

①申请人（承兑人）向贴现行申请商业承兑汇票保贴额度。

②贴现行经审批后与申请人(承兑人)签订商业承兑汇票贴现额度协议(给予承兑人),并向其提供保贴函。

③承兑人向贴现行购买空白商业承兑汇票并自行签发、承兑。

④根据与第三方签订的商品购销合同约定,承兑人向贴现行申请贴现。

⑤在预先核定的贴现额度内,贴现行贴现付款。

⑥汇票到期时,贴现行向申请人(承兑人)提示付款。

**(2)商业承兑汇票持票人保贴业务流程**

商业承兑汇票持票人保贴业务流程的具体内容见图4-2。

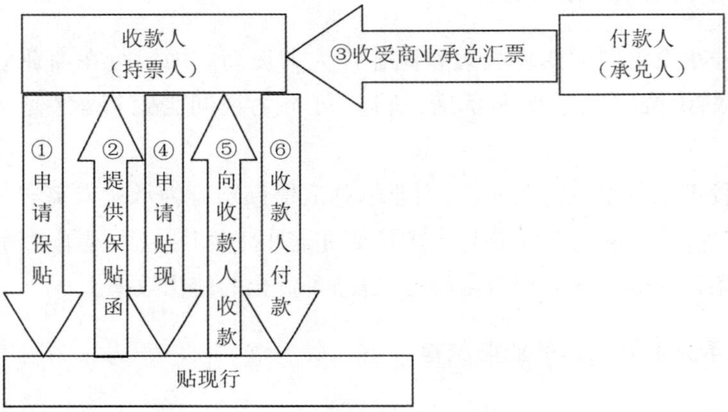


**图4-2　商业承兑汇票持票人保贴业务流程**

①申请人(持票人)向贴现行申请商业承兑汇票保贴额度。

②贴现行经审批后与申请人(持票人)签订商业承兑汇票贴现额度协议(给予持票人),并向其提供保贴函。

③根据双方签订的承兑协议,付款人(承兑人)对商业汇票进行承兑,并交付收款人(持票人)。

④申请人(持票人)向贴现行申请贴现,在预先核定的贴现额度内,贴现行贴现付款。

⑤汇票到期时,贴现行直接向收款人提示付款。

⑥收款人付款。

**(3)银行保贴函**

①银行单独出具"商业承兑汇票保贴函"(见例4-9)。

**【例4-9】　商业承兑汇票保贴函**

商业承兑汇票保贴函

商业承兑汇票保贴函(给予持票人)

至持票人:________

兹有我行开户企业________(在我行开户账号:________)签发并承兑的商业承兑汇票合计______笔,金额合计人民币(大写)________(小写)________万元。请贵行予以贴现。商业承兑汇票信息如下:

附:商业承兑汇票清单:

| 序号 | 票号 | 金额 | 出票日 | 到期日 | 出票人 | 承兑人 | 收款人 |
|---|---|---|---|---|---|---|---|
| | | | | | | | |
| 合计 | | | | | | | |

我行自愿为上述商业承兑汇票提供保证担保,保证该商业承兑汇票真实、合法、有效,具有真实、合法的商品交易背景,并保证承兑人在商业承兑汇票到期日无条件支付足额票款,否则,我行承担连带保证责任。我行保证:在贵行贴现的商业承兑汇票到期日承兑人不能足额兑付票款时,我行将无条件支付该商业承兑汇票的全额款项。

保证期限:自________年________月________日至贵行全部收回该笔商业承兑汇票票款为止。

兑付时间:自________年________月________日起任何时间来我行兑付。

保证范围:本次商业承兑汇票贴现业务的本金、利息、违约金及贵行实现债务的一切费用(如诉讼费、律师费、保全金、执行费、差旅费等)。

(注):1. 如有纠纷,双方可友好协商解决,协商不成,可向贵行所在地的人民法院提请诉讼。

2. 本次商业承兑汇票承兑人的印鉴与其在我行的开户预留印鉴一致。

开户银行:　　　　　　　　账号:

3. 企业预留印鉴:

主办业务员(签字):　　　　　　银行:(公章)

行长:(签章)

②银行并不出具单独的保贴函,而是在汇票上加具保贴字样,即在汇票背面批注

"本行承诺对正当持票人予以贴现"等字样,并记载经办行名称、由有权签字人在汇票背面签字。

## 第四节 贸易融资

贸易融资是指商业银行为进出口商提供的以进出口贸易为融资背景的短期信贷业务或信用便利。进口贸易融资包括开立信用证、出具保函、进口押汇、提货担保等。出口贸易融资主要有出口信用保险项下的贸易融资、出口押汇、出口贴现、打包贷款、福费廷、国际保理等。

### 一、进口贸易融资

#### (一)信用证融资

**1. 产品含义**

信用证(Letter of Credit,L/C)是指开证行根据进口商的要求和指示,向受益人(出口商)开具的,保证在一定期限内,凭议付行/寄单行寄送的符合信用证条款规定的全套单据和汇票,进行承兑和付款的一种书面承诺。因此,信用证是一种银行开立的有条件承诺付款的书面文件,可满足进口商在信用证项下的短期融资需求。

**2. 业务流程**

**(1)进口商提出开证申请**

进口商须提交开证申请书,这是商业银行开立信用证的重要依据,开证申请书的内容须完整、明确。通常,开证申请书包括以下内容:申请人、受益人、开证行、有效期、地点、金额、信用证传递方式、保兑、分批装运、转运、申请人投保、装运、贸易术语、货物描述、唛头、要求的单据、附加指示、申请人声明和签字等。

除开证申请书外,进口商根据商业银行要求还需提供经营进出口业务的批文、工商营业执照、预留印鉴样本、开证保证书、进(出)口合同、购汇申请书、进口付汇核销单、进口付汇备案表等材料。

**(2)开证前调查**

①申请人资格调查



首先,申请人须为经国家工商行政管理机关(或主管机关)核准登记的,具有进出口业务经营权的企(事)业法人或其他经济组织。

其次,申请人须在当地外汇管理局颁布的"对外付汇进口单位名录"内,或提供"进口付汇备案表"。

再次,申请人须资信良好,具备支付信用证款项的能力和可靠的资金来源。

②法律文书审查

首先,审查开证申请书上的签章是否齐全;开证申请书与保证书上记载的事项是否齐全、明确;开证申请书不能有特殊条款。

其次,信用证的有效地点是否为受益人所在地;金额是否用一致的大小写表示;有效期和最迟交单期是否符合要求;是否注明付款方式;价格条款、运输条款、单据条款、货物描述是否完整、明确。

③进口商品调查

调查进口商品是否符合申请人的经营范围,市场情况是否稳定,客户经营是否有经验等。

④偿债能力调查

首先,调查申请人供货方与购货方的经营情况和履约的可靠性。

其次,调查申请人的保证措施是否到位。

再次,调查是否有影响进口商品销售的政治、经济、政策变化。

**(3)开立信用证**

经审批同意后,信贷部与申请人签订"信用证开证合同""信用证开证保证/抵押/质押合同",根据信用证开证金额(剔除保证金金额)确定申请人贸易融资授信额度,将资料转交国际业务部门以备开证。同时,信贷部填制"应缴保证金通知单",并转交会计结算部门。

## 【例4－10】 不可撤销跟单信用证协议

不可撤销跟单信用证协议

合同编号：______________

不可撤销跟单信用证协议

甲方：______________银行______________分（支）行

地址：______________________________

法定代表人：________________________

乙方：______________________________

地址：______________________________

法定代表人：________________________

鉴于：________（以下称乙方）向__________银行__________分（支）行（以下称甲方）按照不可撤销跟单信用证申请书的内容申请开立进口信用证[编号：________，金额：________（大写）________（小写）元，付款期限：__________]，为明确责任，恪守信用，甲方和乙方于________年________月________日签订本不可撤销跟单信用证协议，双方一致同意如下：

第一条　乙方承诺

1. 依照国际商会第600号出版物《跟单信用证统一惯例》办理该信用证项下一切事宜，并承担由此产生的一切责任。

2. 遵守国家有关外贸和外汇管理的政策法规，尊重甲方有关业务审查和操作规定，及时向甲方提交符合甲方要求的文件。

3. 对于本笔开证业务，如甲方要求存入保证金，乙方在此授权甲方从乙方在甲方开立的账户（账号：__________）中直接转存。对于可以免交保证金的，乙方将按期履行其在协议项下提供相应担保或其他有关义务。

第二条　甲方可以根据工作需要选择信用证的通知行、议付行及委托其他银行处理有关业务。

第三条　甲方对信用证项下单据与信用证条款、单据与单据之间是否在表面上相符具有独立认定权。如甲方认定单据相符或单据虽然存在不符点但乙方已以书面方式表示接受单据，或已将此信用证项下货物提取，乙方保证在甲方规定的时间内支付该信用证项下款项。一旦甲方的指定人、授权人已按照甲方的指令善意地进行了付款；甲方或者其指定人、授权人已对信用证项下票据善意地做出了承兑；信用证的保兑行善意地履行了付款义务；信用证议付行善意地进行了议付的，乙方不以任何理由要求甲方拒付。如乙方未能及时支付上述款项，甲方有权主动从乙方账户中扣付。如因乙方账户余额不足导致甲方垫付资金，乙方承担甲方所付资金之本息，并按甲方要求履行清偿责任，甲方有权对所垫付的资金加收罚息（罚息率：________%）。

第四条 在乙方未付清信用证项下全额款项前，该信用证项下单据所有权及/或单据所代表的货物所有权属于甲方。双方在此确认：信用证项下货物的风险始终由乙方承担。

第五条 甲方开立的信用证独立于任何贸易合同。如此笔信用证涉及的贸易合同出现任何纠纷或欺诈事由，乙方将首先征求甲方意见并在遵循有关国际惯例的基础上予以解决，一旦此笔信用证项下有关当事人已对外承兑、确认支付或已经付款，乙方保证不以贸易欺诈或其他事由为依据拒绝履行信用证项下付款责任。

第六条 开立不可撤销跟单信用证申请书以英文填写。因乙方中文填写而产生的翻译错误及/或因申请书字迹不清或词意含糊引起的责任和后果均由乙方承担。

第七条 信用证项下往来函电、单据等在电信或邮递过程中发生遗失、延误、错漏以及由其他不可抗力因素引起的损失和后果由乙方承担。

第八条 甲方开出信用证及/或发出信用证修改后，应将信用证副本及/或修改书副本送乙方核对，如有不符之处，乙方须在接到副本后的两个工作日内通知甲方。如甲方在上述时间内未接到乙方的通知，视为乙方接受该信用证副本及/或修改书副本。

第九条 本协议中所称信用证项下款项包括支付信用证项下货款（含信用证修改后增加额及/或国外溢装增加额、汇率变动需增加的付款金额）、利息、银行费用（含国外银行费用）以及弥补甲方因该信用证而承担赔偿责任所需的外汇和人民币资金（含相关诉讼、律师费等追索费用）。

第十条 除非另有申明或约定，乙方有关本信用证项下所有文件如加盖乙方公章或业务章，均视为乙方有效授权，乙方承担由此产生的一切责任。

第十一条 开立不可撤销跟单信用证申请书为本协议有效组成部分，对双方均有约束力。

第十二条 争议的解决。

甲、乙双方在履行本协议过程中发生的争议，首先由甲、乙双方协商解决；协商不成的，则采用下述第____种方式解决：

1. 由中国国际经济贸易仲裁委员会按该会仲裁规则进行仲裁。

2. 在甲方所在地法院通过诉讼方式解决。

在诉讼或仲裁期间，本协议不涉及争议部分的条款仍须履行。

第十三条　本协议正本一式两份，签约双方各执一份。本协议有效期自双方签字盖章之日起生效，至乙方偿还完甲方信用证项下款项后效力终止。

甲方（公章或授权印鉴）：　　　　　　法定代表人或有权签字人：

乙方（公章或授权印鉴）：　　　　　　法定代表人或有权签字人：

人民币账号及开户行：　　　　　　　　外汇账号及开户行

在已经确定通知行的基础上，国际业务部门负责编制信用证业务参考号并详细登记，依据开证申请书的记载，选择采用电报、电传、信函中的哪种方式开立信用证。

(4)复核与签发

复核人员对所有开证材料进行复核。复核无误后,复核人员在有关凭证上签字,再逐级签批后可开出信用证。

(二)进口押汇融资

1. 产品含义

进口押汇是指开证银行接受申请人(进口商)委托,在收到信用证项下的跟单汇票及议付通知书后,以货运单据为抵押,为申请人垫付款项对外支付进口货款及从属费用的一种短期贸易融资业务。申请人须在约定期限内归还银行垫款本息和有关费用,若申请人在开立信用证时已预交押金,则银行会将押金抵扣货款,其余部分列入进口押汇本金。

2. 业务流程

(1)进口商提出申请

进口商在开立信用证前或信用证付款到期前 5 个工作日内向开证行提交以下资料:

①进口押汇申请书(见例 4-11)。

②近期财务报表和进口押汇合同(见例 4-12)。

③出具信托收据(见例 4-13),并在必要时提供保证金等担保措施。

【例4－11】 进口押汇申请书

进口押汇申请书

进口押汇申请书

编号：________

致：________银行

关于我公司在贵行申请开立的编号为________的信用证，金额：________（大写）________（小写）元，期限：________，由于在付款日前我公司不能补足保证金，特向贵行申请叙作进口押汇，押汇币种：________，押汇金额：________（大写）________（小写）元，押汇期限自________年________月________日至________年________月________日。

我公司保证：

1. 承担由此产生的一切责任、风险、费用。

2. 接受贵行确定的押汇金额、利率及期限，且贵行有权按押汇合同规定予以调整。

3. 押汇到期，我公司保证按期偿还进口押汇本金及利息；贵行亦有权主动从我公司存款账户上直接扣收押汇本息。

4. 如逾期归还，贵行有权按押汇合同的约定向我公司收取逾期利息及复利。

5. 贵行对我公司放单后，我公司保证不因单据含有不符点或基础贸易合同产生纠纷为由对抗贵行债权。

申请人（签章）：

法定代表人（或委托代理人）签字：

年 月 日

## 【例4-12】 进口押汇合同

进口押汇合同

信用证项下进口押汇合同

编号:__________

甲方(借款人):__________

住所:__________

法定代表人:__________

账号:__________

乙方(押汇人):__________ 银行__________ 分(支)行

住所:__________

法定代表人:__________

鉴于甲方向乙方申请编号为__________信用证项下进口押汇,乙方接受申请。根据法律、法规规定,在遵循公正、公平原则的基础上,经双方当事人协商一致,订立本合同。

第一条 进口押汇

1.1 本合同所称进口押汇是指乙方根据甲方申请,收到信用证项下单据后,给予甲方用于支付信用证款项的短期资金融通。

1.2 进口押汇币种为__________,金额为(大写)__________(小写)__________元。

1.3 进口押汇期限为__________天,自__________年__________月__________日至__________年__________月__________日。

1.4 进口押汇用途:用于支付上述信用证项下款项。

第二条 进口押汇利率及计息、结息方式

2.1 本合同项下押汇利率均是年利率,按如下约定执行:

□本合同项下押汇利率为固定利率,即__________%,在押汇期限内,该利率保持不变。

□由甲乙双方依据乙方公布的外汇贷款基准利率每__________个月确定一次,自乙方发放本合同项下押汇款项之日起至第一个结息日的利率为__________%。

□由__________个月的__________(LIBOR/HIBOR)+__________%的利差组成的浮动押汇利率,每个月浮动一次。(LIBOR利率是指在押汇之日前2个银行营业日或利率调整之日前2个银行营业日上午由乙方发布的路透社等金融电信终端提供的英国银行家协会公布的、上述期限和币种的同业拆放利率;HIBOR利率是指在押汇之日前2个银行营业日或利率调整之日前2个银行营业日上午由乙方总行发布的路透社等金融电信终端提供的香港银行家协会公布的、上述期限和币种的同业拆放利率。)

2.2 本合同项下押汇的结息选择如下方式中的一种：

□按月结息，付息日为每月的20日，最后一次付息日为合同到期日。

□按季结息，付息日为每季末月的20日，最后一次付息日为合同到期日。

□利随本清，利息于本金到期日一次付清。

2.3 押汇利息自乙方发放本合同项下押汇款项之日起计算，该日为押汇的起息日。本合同项下押汇按日计息，押汇币种为港币和英镑的，押汇日利率按一年365天计算。除英镑和港币以外的币种的押汇，押汇日利率按一年360天计算。每个利息期的天数包括利息期的第一天，不包括最后一天。

2.4 实行固定利率的押汇，结息时，按约定的利率计算利息；实行浮动利率的押汇，按浮动期当期确定的利率计算利息。浮动利率期限短于结息期限的，先计算浮动期利息，结息日加总各期利息计算押汇利息。

2.5 浮动利率依上述约定进行调整时，均按乙方调整后的相应基准利率上浮________%/下浮________%确定。

2.6 本合同押汇利率发生变更的，本合同项下的罚息利率自动做相应变更，并与合同押汇利率同时开始适用，分段计算。

2.7 根据上述约定进行的调整，乙方无须另行征得甲方的同意。

第三条　提款条件

3.1 除乙方全部或部分放弃外，甲方提款时，必须满足下列前提条件：

3.1.1 甲方已按照有关法律法规和规章规定，办妥与本合同项下押汇有关的行政许可、批准、登记、交付及其他法定手续。

3.1.2 甲方已提交符合乙方要求的有关文件。

3.1.3 本合同项下的担保手续已办理完毕并生效。

3.1.4 甲方没有违反本合同所约定的任一事项。

3.1.5 至放款时，甲方在本合同中所做的声明和保证仍是真实、准确、有效的。

3.1.6 至放款时，甲方经营状况、财务状况与签订本合同时基本相同，未发生任何重大不利变化。

3.2 甲方未满足提款条件时的放款，不构成乙方的履约瑕疵。

第四条　还款

4.1 甲方的还款来源包括但不限于甲方处分本合同所涉信用证项下的单据及单据所代表的货物取得的货款，不足部分由甲方用其他资金偿还。甲方承诺在任何情况下不得援用上述约定拒绝履行本合同项下的还款义务。

4.2 甲方选择如下方式归还本合同项下的押汇本金：

□一次还清。甲方于________年________月________日一次还清本合同项下全部押汇本金。

□分次还清。甲方按下列次序、时间、金额，分次还清本合同项下全部押汇本金：

第一次：________年________月________日，金额__________。

第二次：________年________月________日，金额__________。

第三次：________年________月________日，金额__________。

4.3 甲方应于还款日（付息日、还本日）将应还款项（利息、本金）足额存入在乙方开立的账户，乙方有权从该账户直接划收。如遇法定节假日，顺延至法定节假日结束后的第一个工作日。

4.4 乙方有权就甲方应付而未付的任何款项，从甲方在________银行所有营业机构开立的账户中直接划收。划收款项币种与本合同项下币种不同时，以划付当日乙方公布的牌价折算。

4.5 甲方支付的款项（包括乙方依本合同划收的款项）按下列顺序清偿债权：实现债权和担保权利的费用、损害赔偿金、违约金、复利、逾期利息、利息、本金，上述顺序乙方有权予以变更。

4.6 甲方提前还款应当提前十个银行营业日向乙方提出书面申请，经乙方书面同意，可以偿还部分或全部押汇款。乙方按照甲方实际用款天数及本合同确定的押汇利率计收利息，未经乙方书面同意，甲方不得提前还款。提前还款后，尚未清偿的债务仍按本合同约定的押汇利率执行。

第五条　押汇担保

5.1 本合同项下押汇采用如下一项或数项担保：

□保证人______________与乙方签订保证合同。

□抵押人______________与乙方签订抵押合同。

□质押人______________与乙方签订质押合同。

□__________________________________________。

5.2 若本合同债权属于最高额担保项下的债权，则采取如下一项或数项担保：

□保证人______________与乙方签订最高额保证合同。

□抵押人______________与乙方签订最高额抵押合同。

□__________________________________________________。

第六条　甲方权利和义务

6.1 甲方保证其为依法注册成立并有效存续的合法单位，有进出口经营权，有权处分其经营管理的财产，有权签订和履行本合同。

6.2 甲方保证其签署本合同已依法取得上级主管部门或公司董事会等有权机构的批准，并取得所有必要的授权。

6.3 甲方保证其签署和履行本合同，不违反任何对甲方及其资产有约束力的规定或约定，不违反任何甲方与他人签署的担保协议、其他协议以及其他任何对甲方有约束力的文件、约定和承诺的内容。

6.4 甲方保证按乙方要求提供必要文件和资料并保证所提供的文件、资料均真实、准确、合法、有效。

6.5 甲方有权要求乙方按本合同约定给予进口押汇融资。

6.6 甲方在本合同项下人民币、外币结算均应通过其在乙方开立的账户办理。

6.7 甲方应按乙方要求，配合押汇前调查、押汇中审查和押汇后检查，及时提供包括但不限于：

6.7.1 营业执照和年检证明，法人代码证书，法定代表人身份证明及必要的个人信息，董事会成员和主要负责人、财务负责人名单，经营业务许可证，近两年税务部门纳税证明资料复印件，贷款证（卡）。

6.7.2 所有开户行、账号及存贷款情况。

6.7.3 近三年经审计的资产负债表，损益表，业主权益变动表以及销量情况，现金流量表，财务报表及附注、说明。

6.7.4 生产经营计划、统计报表、工程预决算资料。

6.7.5 所有对外（包括对乙方的任何机构）担保的情况。

6.7.6 所有关联企业和关联关系的信息与已经发生的和即将发生的占甲方净资产百分之十以上的关联交易情况以及集团客户内部互相担保情况。

6.7.7 发生诉讼、仲裁、行政处罚，与他人发生债务纠纷的情况及管理层人员个人受到刑事追诉的情况。

6.8 甲方应按本合同约定归还押汇款本息。

6.9 甲方应在其他任何足以危及自身正常经营或乙方债权安全的情况发生后的三日内，书面通知乙方，同时采取充分有效的措施保全乙方的债权。

6.10 若甲方变更住所、名称、法定代表人或其他中高层管理人员发生重大变动，应在变更后七日内书面通知乙方。

6.11 甲方在未还清乙方押汇款本息之前，未经乙方同意，不得出售特定资产（主要指固定资产）、不得提前清偿其他债务、不得为第三方提供债务担保。

6.12 甲方保证不与任何第三方签署有损于乙方在本合同项下权益的合同。

第七条　乙方权利和义务

7.1 乙方有权要求甲方提供与本合同项下押汇款有关的资料。

7.2 乙方将享有信用证项下全套单据/货物的监管和处置权。此种权益，乙方将保留至其债权获得全部偿付时止。

7.3 乙方有权了解甲方经营活动、财务状况、对外担保和债务纠纷等情况。

7.4 乙方将对甲方提供的有关其债务、财务、生产、经营等方面的资料及情况保密，但法律、法规另有规定的除外。

7.5 在本合同有效期内，乙方变更住所时，应及时发布变更地址的公告。

第八条　违约责任

8.1 本合同生效后，甲、乙双方均应履行本合同项下的义务，任何一方不履行或不完全履行本合同的，构成对本合同的违约，并应承担违约责任。

8.2 甲方不按本合同约定的还款期限偿还到期应付款项的，对甲方逾期未付的押汇款本金，自逾期之日起，按本合同约定的利率加收________%作为罚息利率，计收逾期利息；甲方在押汇期限内不能按期支付的利息，应按本合同约定的押汇利率计收复利；押汇逾期后仍未支付的利息，应按本款约定的罚息利率计收复利。

8.3 本合同项下押汇款发生逾期,按月计收逾期利息和复利。

8.4 因甲方违约致使乙方采取诉讼、仲裁或其他方式实现债权的,甲方应承担乙方为此支付的诉讼费、仲裁费、保全费、公告费、评估费、鉴定费、拍卖费、差旅费、律师费及其他实现债权的费用。

8.5 甲方发生下列任一违约行为时,乙方有权宣布已发放的全部押汇款立即到期,提前收回已发放的押汇款本息,同时依法采取相应措施:

8.5.1 甲方未按期足额支付本金、利息及其他应付款项。

8.5.2 甲方向乙方提供虚假的或隐瞒重要事实的资产负债表、损益表或隐瞒重要经营财务事实的。

8.5.3 拒绝接受乙方对其有关生产、经营、财务活动进行监督和检查的。

8.5.4 甲方采取欺诈手段骗取押汇款。

8.5.5 利用与关联方之间的虚假合同,以无实际贸易背景的应收票据、应收账款等债权向乙方提供质押,套取银行资金的。

8.5.6 通过关联交易,有意逃废银行债权的。

8.5.7 甲方违反其作为一方当事人与他人(包括本合同乙方)签署的任何合同或协议或其单方做出的承诺或保证,对其他债务构成严重违约行为的。

8.5.8 甲方经营方式、自身体制或法律地位发生变化,包括但不限于承包、租赁、托管、资产重组、债务重组、股份制改造、联营、合并(兼并)、收购、分立、产权有偿转让、合资(合作)、减少注册资本或申请停业整顿、申请解散(或撤销)、申请破产等,未取得乙方书面同意并落实本合同项下债务的清偿责任或提供乙方认可的新的担保的。

8.5.9 本合同项下之担保发生了不利于乙方债权的变化,包括但不限于抵押物、质物毁损、灭失、价值减少,或担保人违反担保合同中为其设立的任何一项义务或违反任何承诺而甲方未能按乙方需求另行提供所需新的担保的。

8.5.10 担保合同或其他担保方式未生效、无效、被宣布撤销,或担保人出现部分或全部丧失担保能力或明确表示不履行担保义务,而甲方未能按乙方要求另行提供所需新的担保的。

8.5.11 甲方所做声明与保证不真实、不准确或有重大隐瞒的。

8.5.12 甲方明确表示或者以自己的行为表明不履行本合同的义务的。

8.5.13 甲方违反本合同约定的其他任何义务,乙方认为足以影响其债权实现的。

第九条　合同的生效

9.1 本合同自双方签署之日起生效。

第十条　合同转让、变更与解除

10.1 本合同生效后,乙方将本合同项下债权全部或部分转让给第三人,无须征得甲方同意,但应书面通知甲方。

10.2 本合同生效后,甲、乙任何一方不得擅自变更。如需变更,甲、乙双方须达成书面变更协议。

10.3 本合同履行期间，出现下列情形之一的，乙方有权解除合同，提前收回已发放的押汇款本息。

10.3.1 甲方经营和财务状况恶化，无法清偿到期债务，或涉及重大经济诉讼或仲裁及其他法律纠纷，使乙方债权实现受到严重影响和威胁的。

10.3.2 甲方所属集团客户整体信用状况、经营状况和财务状况出现严重危机，对乙方押汇款项安全产生重大威胁的。

10.3.3 甲方发生歇业、解散、停业、被吊销、注销等情况的。

10.3.4 发生了其他可以导致乙方本合同项下债权实现受到威胁或遭受严重损失的情形的。

第十一条 争议的解决

11.1 甲、乙双方在本合同履行中发生争议，应协商解决；协商不成的，双方选择按下列方式解决：

□向乙方住所地人民法院起诉。

□向＿＿＿＿＿＿＿＿仲裁委员会申请仲裁。

第十二条　附则

12.1 若甲乙双方已签订了最高额融资合同，则本合同即为编号＿＿＿＿最高额融资合同项下的具体业务合同。

12.2 本合同有效期内，甲方名称、法定代表人、住所等发生变化而未书面通知乙方时，乙方按本合同所载资料向甲方发送的所有文书，视同送达。

12.3 甲方承担本合同及其担保合同项下的登记、保险、公证、鉴定、评估、运输及法律服务费用等所有相关费用，由乙方代缴的，乙方有权从甲方账户直接扣收。

12.4 双方约定的其他事项：

＿＿＿＿＿＿＿＿＿＿＿＿＿＿＿＿＿＿＿＿＿＿＿＿＿＿＿＿＿＿。

12.5 本合同甲方＿＿＿＿份、乙方＿＿＿＿份及＿＿＿＿方＿＿＿＿份，其法律效力相同。

12.6 本合同项下附件，是本合同的有效组成部分，与本合同具有同等法律效力。

12.7 乙方已采取合理方式提请甲方注意本合同项下免除或限制其责任的条款，并按甲方要求对有关条款予以充分说明；甲乙双方对本合同所有条款内容的理解不存在异议。

甲方：　　　　　　　　　　　　　　　　（盖章）

法定代表人（或委托代理人）：　　　　　　（签字）

年　　月　　日

乙方：　　　　　　　　　　　　　　　　（盖章）

法定代表人/主要负责人（或委托代理人）：　　　　（签字或盖章）

年　　月　　日

## 【例 4－13】 信托收据

信托收据

信托收据

编号：

××银行：

我公司在贵行办理了业务编号为＿＿＿＿＿＿、期限为＿＿＿＿＿天的进口开证/代收业务，现同意以下列方式处理该进口开证项下单据（单据金额：＿＿＿＿＿，货物名称：＿＿＿＿＿，数量：＿＿＿＿＿）及货物。

一、我公司兹确认收到贵行上述进口开证项下单据/货物，自我公司取得该单据之日起，至我公司付清该进口开证项下货款、利息及一切费用之日止，该单据及货物的所有权以及有关的保险权益均属于贵行，我公司保证办理确认贵行上述权利所必需的手续。未经贵行授权，我公司不以任何方式处理该单据及货物。我公司不因上述转让行为而减少、免除或抵销我公司对贵行所承担的债务。

二、我公司作为贵行的委托人，代贵行保管有关单据，以贵行名义办理该货物的存仓、保管、运输、加工、销售及保险等有关事项，代为保管该货物出售后的货款或将货款存入贵行指定账户。贵行有权以任何合法方式对我公司进行监督，包括随时派员或代理人在任何时候进入仓库检查货物。

三、贵行有权要求我公司立即返还该单据或货物或销售所得款项，或从我公司在贵行系统内各机构开立的账户中直接扣款。该货物折价或销售所得款项不足我公司所欠贵行债务的，贵行有权就差额部分向我公司及保证人进行追索；货物折价或销售所得款项超过我公司所欠贵行债务的，超额部分我公司有权保留。

四、该货物在我公司保管期间产生的所有费用（包括但不限于保险、仓储、运输、码头费用等）由我公司承担。我公司承诺对该货物的市价投保所有可能出现的风险，在保险单上列明贵行为第一受益人，并将保险单交贵行保管，如投保货物发生损失，贵行有权直接向保险公司索赔。

五、未经允许，我公司不以延期付款或任何非货币方式或低于市场价值处理该货物。

六、我公司保证不将货物销售给我公司无权向其进行索偿的任何人。

七、我公司不向其他任何人抵押或质押该货物，或使该货物受到任何留置权的约束。

八、一经贵行要求，我公司即将该货物的账目、任何销售收入或与该货物有关的销售合同详细情况提交给贵行，贵行有权进入仓库对货物的实际情况进行检查或重新占有该货物。

九、若本公司发生破产清算，以信托收据提取的货物不在本公司债权人可分配的财产范围内。

十、我公司保证履行上述有关承诺，否则贵行有权采取任何措施（包括处理公司其他财产）清偿我公司在本信托收据项下承担的义务。

单位名称（公章）

有权签字人：

年　月　日

**(2)审查与审批**

①开证行客户部门重点调查以下内容:申请人是否具备办理进口押汇业务的资格;“进口押汇申请书”上的企业签章是否有效;申请人是否具有进口业务经营权,进口商品是否在其经营范围内且符合国家有关政策的规定;申请人是否已在本行开立存款账户,且是本行授信客户、资信良好。

在确认申请人为本行授信客户且押汇金额在可用额度内后,客户部门填制“信贷业务报审书”,与申请材料一同转交国际业务部。

②开证行国际业务部对申请材料进行审查并填写审查意见,经部门负责人签字后,退客户部门。

③客户部门报有权审批人审批同意后,与申请人逐笔签订“进口押汇合同”后,将材料转交放款中心。

**(3)押汇放款**

经审查后,对于符合放款条件的业务,放款中心签发放款通知书后,分别通知会计部门和国际业务部进行账务处理和业务登记。会计部门核查押汇审批手续是否齐全,利息和费用是否计算准确,填制借款凭证,并将押汇款项划转至申请人信用证保证金账户。

### (三)保函融信

**1. 产品含义**

银行保函是指商业银行接受委托人的申请向受益人开立的具有担保性质的书面承诺文件,一旦委托人未按合同约定偿还受益人的债务或履行义务时,由商业银行按照保函规定承担相应的付款责任。

**2. 产品分类**

根据具体交易的不同,保函内容多种多样,主要有以下几种:

**(1)投标保函**

投标保函是指商业银行应投标人的申请向招标方做出的一种保证承诺,即保证在报价有效期内,如果投标人中标后撤销投标书或擅自修改报价或在规定时间内不签订招投标项下的交易合同,那么商业银行将根据约定向招标方履行付款责任的一种书面保证(见例4－14)。

【例 4－14】 投标保函

投标保函

编号：____________

投标保函

致：受益人（招标方）____________

本保函作为____________（以下简称“投标人”）对____________（项目名称）所招标的____________（设备名称）设备供应而提供的投标文件保证。本行在此无条件地、不可撤销承诺，一旦在收到你方的书面通知说明下列事实中的任何一项时，保证支付给你方最高金额为________万元人民币保证金。

1. 投标人在投标截止日期后投标有效期内撤回其投标。

2. 投标人在投标截止日期后对投标文件做实质性修改。

3. 投标人被通知中标后，拒绝签订合同（即不按投标时承诺规定的技术方案、供货范围和价格等签订交易合同）。

本担保的期间为________年________月________日起至________年________月________日止。如果投标人中标，本保证金将在上述期满后继续有效，直至投标人与你们签订了合同为止。

请在保函失效后，及时将保函正本退还注销。

签发银行名称　　（公章）

签发人：

年　　月　　日

**（2）履约保函**

履约保函是指商业银行应申请人的请求，向其交易对手出具的，承诺如果申请人不履行商务合同规定的义务，那么商业银行将根据其交易对手的书面索赔要求，赔偿约定金额款项的一种书面保证。

**（3）预付款退款保函**

预付款退款保函是指商业银行应预收款人的申请，向预付款人出具的，承诺如果预收款人未履行合同或未完全依照合同约定使用预付款，那么商业银行将根据预付款人的书面退款要求，支付约定金额预付款的一种书面保证。

**（4）付款保函**



付款保函是指商业银行应买方（业主）的请求，向卖方（承包商）出具的，承诺如果在卖方（承包商）按照合同规定履行相关义务后，买方（业主）却不付款，那么商业银行将根据卖方（承包商）的书面索赔要求，支付约定金额款项的一种书面保证。

**(5)工程维修保函**

工程维修保函是指商业银行应施工单位的申请，向工程业主出具的，承诺如果施工单位在工程竣工后不履行合同规定的维修义务，或工程质量不过关而施工单位又无法维修时，那么商业银行将根据工程业主的书面索赔要求，支付约定赔偿款项的一种书面保证。

**(6)质量保函**

质量保函是指商业银行应卖方的申请，向买方出具的，承诺如果商品质量不符合合同约定而卖方又不能更换或维修时，那么商业银行将根据买方的书面索赔要求，承担赔偿责任的一种书面保证。

**(7)关税保付保函**

关税保付保函是指商业银行应进口企业的请求而向海关出具的，担保进口企业会按照海关规定如期纳税的一种书面保证。如果进口企业符合海关较高的分类管理标准，那么其可凭关税保付保函向海关申请办理"进口货物先放后税"凭证。

**(8)保释金保函**

在海上运输时，因船方（或运输公司）责任造成货主或他人遭受了损失，在确定赔偿金额前，船舶被有管辖权的法院下令扣留，船方（或运输公司）须交纳保释金才能提船。保释金保函是指商业银行应船方（或运输公司）的申请，向扣船国法院出具的，承诺如果船方（或运输公司）不执行法院判决，那么商业银行将根据法院的书面索赔要求，承担赔偿责任的一种书面保证。

**(9)租赁保函**

租赁保函是指商业银行应承租方的申请，向出租方出具的，承诺如果承租方未按期支付租金，那么商业银行将根据出租方的书面索赔要求，承担赔偿责任的一种书面保证。

**3. 业务流程**

(1)申请人与保函受益人签订商务合同。

(2)申请人向商业银行提出出具保函申请。

(3)商业银行审核申请人资质，在落实保证金、抵押、质押或反担保措施后出具保函。

(4)若保函受益人因约定事由而遭受经济损失并向商业银行提出索赔要求,则商业银行"见索给付",在规定期限内履行赔偿责任。

(5)若在商务合同有效期内,保函受益人未提出任何索赔要求,则保函到期后自动失效。

## 二、出口贸易融资

### (一)打包贷款融资

**1. 产品含义**

打包贷款是指出口地银行为支持出口商按期履行合同、出运交货,向出口商发放的专项用于合格信用证项下出口商品的采购、生产和装运的一种短期专项贷款。在自有资金不足的情况下,出口商可以凭销售合同和进口商开来的信用证正本作为还款凭据与抵押品向其所在地银行申请打包贷款。在顺利发货后,出口商将所得款项用于归还银行贷款。

**2. 产品特点**

(1)资金周转速度快,期限短。打包贷款期限的计算依据为信用证的有效期,通常不超过1年。

(2)资金使用效率高。通常,打包贷款金额是等值信用证金额(按当日外汇买入价折合人民币)的60%—80%。

(3)申请手续简便。

**3. 业务流程**

符合条件的出口商在申请该项贷款时,首先要填写打包贷款申请书(见例4-15),明确贷款用途;其次将申请书、出口合同与信用证正本一起交付银行。银行国际业务部审核出口合同、信用证无误后,填制打包贷款信用证审查表(见例4-16)。经放款中心审批通过后,客户经理与出口商签订打包贷款合同(见例4-17),银行会计部门发放款项。

## 【例 4－15】 出口商品打包贷款申请书

出口商品打包贷款申请书

××银行××分行

年 月 日

<table>
<tr><td>银行通知号</td><td></td><td>企业性质</td><td colspan="2"></td></tr>
<tr><td>L/C 编号</td><td colspan="3"></td><td rowspan="4">本项贷款用途</td></tr>
<tr><td>L/C 有效期</td><td colspan="3"></td></tr>
<tr><td>L/C 金额(万元外币)</td><td></td><td>L/C 支付条件</td><td></td></tr>
<tr><td>申请贷款金额<br>(万元人民币)</td><td></td><td>申请贷款<br>有效期限</td><td></td></tr>
<tr><td colspan="5">我单位以上述信用证正本为抵押，申请叙作打包放款，保证该信用证交你行议付。请予以审核批准。<br>此致<br>申请单位签章：<br>年 月 日</td></tr>
</table>

<table>
<tr><td rowspan="3">银行审批意见</td><td>支行外汇结算部门审查意见：<br>年 月 日</td><td>支行信贷部门调查意见：<br>年 月 日</td></tr>
<tr><td>支行行长审批意见：<br>年 月 日</td><td>分行信贷部门负责人意见：<br>年 月 日</td></tr>
<tr><td colspan="2">分行行长审批意见：<br>年 月 日</td></tr>
</table>

## 【例4－16】 打包贷款信用证审查表

打包贷款信用证审查表

主管：　　　　　　　审查人：　　　　　　日期：

| | |
|---|---|
| 开证行名称： | |
| 信用证号： | |
| 信用证金额： | |
| 受益人： | |
| | |
| 开证行资信情况 | 国别、地区： |
| | 是否为我行代理行： |
| | 其他情况： |
| 信用证有效期及有效地点： | |
| 信用证有无对我行不利条款： | |
| 结算部门审核意见： | |

## 【例4－17】 打包贷款合同

打包贷款合同

打包贷款合同

编号：

借款人：________________

贷款人：________________

双方根据国务院颁发的《借款合同条例》，共同订立本合同。

第一条　借款人在本合同有效期内，按照《××银行信用证项下出口打包贷款暂行办法》（以下简称《办法》），向贷款人申请信用证项下出口打包贷款（以下简称"贷款"）。

第二条 贷款金额:(大写)人民币______________(小写)人民币____________。

第三条 贷款用途:仅限用于有关信用证项下出口商品的备货备料、生产和出运,不得挪作他用。

第四条 贷款期限:从________年________月________日起至________年________月________日止。

第五条 放款

1. 借款人每次放款前必须向贷款人提交信用证正本、贷款申请书和借款凭证。

2. 每份信用证项下的放款金额为信用证总金额(当时银行买入价)的________%。

第六条 利息

1. 贷款利息为年利率________%,利随本清,按季结息。

2. 借款人授权贷款人,在结息日主动从借款人信用证项下的押汇收入、结汇收入或存款账户中扣收上述利息。

第七条 还款和提前还款

1. 借款人授权贷款人,在借款人办理出口押汇或信用证项下收妥结汇时,从押汇收入或结汇收入中扣收该信用证项下打包贷款的本金、利息和其他费用。

2. 借款人可在贷款到期前主动归还贷款本金和利息,但必须提前3个营业日通知贷款人。

第八条 逾期还款

如借款人在每笔贷款到期时未能按期偿还本息,贷款人可按《办法》规定,对逾期贷款加收逾期利息20%,并有权从借款人的其他信用证项下的出口押汇或收妥结汇货款或其存款账户中扣收本金、利息、逾期利息和其他费用。

第九条 借款人承诺

1. 借款人的全部资产均向贷款人认可的保险机构投保。如发生意外损失,保险机构支付给借款人的赔偿金应首先用于归还本贷款本金、利息及费用。

2. 借款人保证按本贷款合同有关信用证的条件,按时出运商品,并将有关单据提交贷款人议付。

3. 借款人愿按贷款人的要求提供自己的财务报表、有关贷款使用情况和出口商品准备情况的资料,并为贷款人了解上述情况提供方便。

第十条 违约

借款人如违反本合同第二条、第八条和第九条即为违约,如发生违约,贷款人可根据《办法》规定停止向借款人放款,对违约贷款加收罚息________%和限期收回违约贷款本息。

第十一条 其他

1. 本合同任何条款的修改须经双方同意,在双方未达成一致前,仍按本合同条款执行。

2. 本合同未尽事宜由双方协商解决。

3. 本合同从借贷双方法定代表共同签字之日起生效，至全部贷款本息还清之日止。
本合同一式两份，借款人、贷款人各执一份。
借款人公章：　　　　　　　　　　　　　　　贷款人公章：
法定代表人（或委托代理人）签章：　　法定代表人（或委托代理人）签章：
　　　　　　　　　　　　　　　　　　　　年　　月　　日

## （二）国际保理融资

### 1. 产品含义

国际保理是指在采用商业信用形式（赊账或承兑交单）进行贸易时，银行从出口商处买下代表应收账款的销售发票，先按照票面金额的一定比例支付给出口商，随后向进口商索要货款，待收到全部货款后，再扣除垫款、贴现利息、费用等，将剩余款项支付给出口商的一种融资业务。

### 2. 产品特点

（1）国际保理为出口商提供贸易融资，解决其流动资金短缺问题。

（2）国际保理为出口商提供销售分户账管理。利用自身优势，保理商会定期向出口商提供应收账款的回收情况，协助出口商处理逾期账款、分析账龄，为出口商提供优良的售后账务管理服务。

（3）国际保理商负责应收账款的催收。保理商有专业团队负责账款的催收工作，他们会根据应收账款的逾期时间采取有力措施，协助出口商安全回收账款。

（4）国际保理提供信用风险控制和坏账担保。经过认真的资信调查，保理商可为进口商核定一个信用额度。对于出口商在信用额度内所产生的应收账款，保理商提供100%的坏账担保。

### 3. 产品分类

**（1）按是否公开债权转让**

国际保理划分为暗保理（隐蔽型保理）和明保理（公开型保理）。

暗保理（隐蔽型保理）是指将进口商排除在保理业务之外，保理商与出口商单独签订保理合同，由出口商出面向进口商收取货款，款项收回后再转交给保理商的一种国际保理业务。明保理（公开型保理）是指出口商在将应收账款债权转让时便立即通知进口商，并指示进口商将货款直接支付给保理商的一种国际保理业务。目前，国际保理业务多为明保理。

(2)按有无追索权

国际保理划分为无追索权的保理和有追索权的保理。

无追索权的保理是指由保理商独自承担进口商拒绝付款或无力付款风险的一种国际保理业务。有追索权的保理是指在进口商拒绝付款或无力付款时,保理商有权向出口商追索之前预付的资金的一种国际保理业务。

(3)按涉及的当事人

国际保理划分为国际单保理和国际双保理。

国际单保理是指仅涉及一方保理商(仅有进口保理商或出口保理商)的国际保理方式。国际双保理是指涉及买卖双方保理商的国际保理方式。

4. 业务流程

(1)出口商提出申请

出口商须提交的申请材料如下:

①出口保理业务申请书(见例4-18)。

②出口贸易背景资料、进出口合同和商业发票。

③银行要求的其他资料。

## 【例4-18】 出口双保理业务申请书

出口双保理业务申请书

出口双保理业务申请书

编号:________________

________银行________分(支)行:

我公司特向贵行申请对以下应收账款叙作有追索权出口保理业务,有关资料如下:

一、公司资料

<table>
<tr><td>公司名称(中文)</td><td colspan="5"></td></tr>
<tr><td>公司名称(英文)</td><td colspan="5"></td></tr>
<tr><td>公司地址(英文)</td><td colspan="2"></td><td>邮编</td><td colspan="2"></td></tr>
<tr><td>联系人</td><td colspan="2"></td><td>电话/传真</td><td colspan="2"></td></tr>
<tr><td>上年度营业额</td><td colspan="2">万元</td><td>实收资本</td><td colspan="2">万元</td></tr>
<tr><td colspan="6">二、进口商资料</td></tr>
<tr><td>公司名称(英文)</td><td colspan="5"></td></tr>
<tr><td>公司地址(英文)</td><td colspan="2"></td><td>邮编</td><td colspan="2"></td></tr>
<tr><td>母公司名称和地址(英文)(如有)</td><td colspan="5"></td></tr>
<tr><td>可否与进口商直接联络</td><td colspan="5"></td></tr>
<tr><td>联系人</td><td></td><td>联系电话</td><td colspan="3"></td></tr>
<tr><td>交易产品(英文)</td><td></td><td>付款方式</td><td>O/A 天<br>D/A 天</td><td>价格条款</td><td></td></tr>
<tr><td>是否存在折扣优惠,具体如何</td><td></td><td colspan="2">是否允许扣费(如允许扣费,金额或比例如何)</td><td colspan="2"></td></tr>
<tr><td>预期双方年发票张数</td><td></td><td colspan="2">预期双方年交易额</td><td colspan="2">万元</td></tr>
<tr><td>双方交易年数</td><td colspan="5">年</td></tr>
</table>

| | | | | | |
|---|---|---|---|---|---|
| 交易双方以往付款方式和收汇情况如何 | | | | | |
| 买卖合约是否有禁止应收账款转让之规定 | | | | | |
| 三、进口国资料 | | | | | |
| 进口国 | | 预期进口国买方家数 | | 预期进口国发票总张数 | |
| 与进口国之间年赊销交易额 | | 与进口国之间其他方式年交易额 | | | |
| 四、申请内容 | | | | | |
| 额度申请 | □循环 □单笔 | | | | |
| 申请额度金额 | | | | | |
| 延期申请 | | | | | |
| 额度变更申请 | | | | | |
| 我公司承诺以上提供的信息真实可靠。<br>申请单位： （公章或授权章）<br>法定代表人（或授权人）签名：<br>年 月 日 | | | | | |

**(2)贷前审查**

①审查出口商资质，包括其是否满足流动资金贷款的申请条件，其是否具备较强的经营能力和履约能力，其现金流量情况如何。

②审查出口贸易情况，包括其是否具有真实的贸易背景，其是否涉及非法交易和

不公平交易，出口商品是否适销且不宜引发商业纠纷。

③审查应收账款的账期是否超过保理商规定的最长期限，通常在90—180天。

④审查"出口保理业务申请书"的各项内容填写齐全、规范，签章真实有效。

**(3)贷款审批及签订协议**

审查通过后，银行的国际业务部对该项融资进行审批并核定融资额度。在实际操作中，出口保理商通常为出口商提供80%—90%的预付货款融资。若出口商接受报价，则其与银行签订"出口保理协议"，并与进口商订立进出口买卖合同。

**(4)出口商转让发票**

在将发票正本、提单、原产地证书、质检证书等单据寄送进口商后，出口商须将发票副本、报关单正本、进出口合同、运输单、保险单等递交出口保理商。发票必须记载转让条款，以便保理商依法催收，具体内容和格式由出口保理商规定。

**【实训】**

1. 授信小组上网搜集某上市非金融公司资料，整理固定资产贷款所需资料，根据教材的提示，为该公司办理固定资产贷款。

2. 授信小组上网搜集某上市非金融公司资料，整理流动资金贷款所需资料，根据教材的提示，测算本年度该公司流动资金贷款的需求量。

3. 上网查资料，授信小组分析郑州百文股份有限公司银行承兑汇票案例中，银行存在哪些问题？

4. 授信小组上网搜集某上市非金融企业关于银行承兑汇票及票据贴现的资料，进行业务操作。

5. 授信小组上网搜集某上市非金融公司资料，学会办理打包贷款业务，学会填制保理业务申请书。

# 第五章　贷款定价与贷款担保管理

☞　学习目标

1. 掌握影响商业银行贷款定价的因素及具体定价方法。

2. 理解商业银行信贷业务的各种担保措施。

☞　重点难点

1. 商业银行贷款定价的原理与模式。

2. 保证担保、抵押担保、质押担保的区别与联系。

## 第一节　影响贷款定价的因素分析及定价原则

随着许多国家金融管制的放松，商业银行贷款定价的自主权逐步扩大，但贷款如何合理定价是商业银行长期以来颇感困扰的问题。定价过高，会驱使客户从事高风险的经济活动以应付过于沉重的债务负担，或者使客户在同业竞争中处于劣势甚至失去市场；定价过低，商业银行无法实现盈利目标，甚至不能补偿商业银行付出的成本和承担的风险。随着我国利率市场化改革的推进，贷款市场的竞争日趋激烈，对贷款进行科学定价较以往更为重要。

贷款定价是指通过全面核算贷款能够给商业银行带来的各种收益、商业银行为提供相应服务所需承担的成本、贷款应达到的目标收益等因素，而向客户发放每笔贷款的价格条件。此处所指的贷款，是指所有的授信资产，包括一般贷款、票据贴现、出口押汇、打包贷款等。

## 一、影响贷款定价的主要因素

### (一)银行的资金成本

商业银行贷款所使用资金的大部分来源于客户的存款和银行的借款,其中,客户存款主要包括活期存款、定期存款和储蓄存款,银行的借款主要指银行间同业拆借、向中央银行融通资金、国际金融市场借款或发行金融债券。这些负债都是需要支付利息的,即银行的资金成本。资金成本是指银行从资金营运部门获得可贷资金所需支付的成本,反映银行资金营运的平均收益率,也代表银行资金运用的机会成本。不同银行负债规模和结构不同,资金成本也不同,银行贷款是为了追求利润,贷款利率必须高于资金成本才能获利。资金成本可根据内部资金转移定价系统提供的对应期限产品的内部资金转移价格确定。计算公式为:

$$资金成本 = 对应期限产品内部资金转移价格 \times 该笔贷款占用资金日均余额$$

对于采用到期一次还款方式还款的贷款,贷款占用资金日均余额 = 贷款金额 。

对于采用分期还款方式还款的贷款,贷款占用资金日均余额 =($\sum$每期还款前贷款余额 × 该期天数)÷ 贷款存续期天数。

### (二)银行的经营成本

经营成本是指银行经营过程中所发生的各种非利息性业务费用,包括员工工资、设备成本及银行发放贷款和维持与贷款客户的借贷关系等相关费用。贷款所取得的收益既要弥补资金成本,还必须在弥补经营成本后有一定的盈余,银行才能获利,因此贷款利率也要受业务费用开支的影响。计算经营成本的基本方法是依据贷款产品来核算成本费用率,依赖于管理会计系统提供的数据支持。计算公式为:

$$经营成本 = 相应贷款产品的成本费用率 \times 该笔贷款日均余额$$

对于采用到期一次还款方式还款的贷款,贷款日均余额 = 贷款金额。

对于采用分期还款方式还款的贷款,贷款日均余额 =($\sum$每期还款前贷款余额 × 该期天数)÷ 贷款存续期天数。

### (三)贷款的期限和方式

贷款的期限不同贷款的利率应该不同。贷款期限越长,流动性越差,且市场利率走势、借款人信用情况和财务状况等不确定因素越多,因此银行要求的期限风险溢价就越高,贷款利率也就越高,反之亦然。同样,贷款的方式不同,贷款的利率也应不同。信用贷款相比于担保贷款的保障程度低,因此二者的利率高低也应不同。

### (四)借款人的信用风险

借款人的信用风险主要是指借款人的偿还能力和偿还意愿带来的风险。借款人的信用越好,贷款风险越小,贷款价格也应越低,反之亦然。在内部评级法投入使用后,可根据对应信用等级客户的违约率,对应贷款产品、贷款方式的违约损失率和风险敞口计算预期损失。计算公式为:

$$预期损失 = 违约率 \times 违约损失率 \times 风险敞口$$

### (五)贷款的预期收益

预期收益是指在保证贷款安全和市场竞争力的前提下,商业银行会力求从每笔贷款中获得一定的最低收益,它是商业银行从事贷款业务的内在动力。可根据既定的最低资本回报率和经济资本来确定,计算公式如下:

$$预期收益 = 最低资本回报率 \times 经济资本$$

其中,最低资本回报率通常由银行的董事会决定。

### (六)借贷资本的供求

在借贷市场上,贷款利率的高低是由资金供给方(商业银行)和资金需求方(借款人)共同决定的。当借贷资本供给小于需求,贷款利率应当上升;供给大于需求,贷款利率应当下降。

### (七)银行与客户的关系

银行与客户的关系是指银行与借款人正常的业务往来关系,如客户在银行进行存款、购买银行理财产品、往来结算及使用银行服务等情况。贷款通常是银行维系客户关系的支撑点,对于与银行关系密切的客户,银行贷款定价可以适当低于一般贷款的价格。

## 二、贷款定价的基本原则

### (一)利润最大化原则

商业银行属于金融企业,而金融企业可以简单定义为经营货币信用业务的特殊企业。作为企业,实现利润最大化始终是其追求的主要目标。信贷业务是商业银行传统的主营业务,存贷利差是商业银行利润的重要来源。因此,在对贷款进行定价时,首先必须保证贷款收益足以弥补资金成本和各项费用,在此基础上,尽可能实现利润最大化。

(二)扩大市场份额原则

金融体制的改革为银行业引入竞争机制,面对激烈的竞争,商业银行要为生存求发展就必须在信贷市场上不断扩大市场份额。影响一家银行市场份额的因素有很多,但报价始终是其中关键的一点。报价高于竞争对手必然会失去大量现有的客户资源,除非该行的产品或服务有独到之处,可以满足某类客户的特别需求以至于他们愿意为之付出较高的价格。所以,银行在给贷款定价时,一定要以市场上资金的供求状况为基础,参考同业价格水平给出自己的放贷条件,不能盲目实行高价策略。

(三)保证贷款安全原则

在银行贷款定价时,必须遵循风险与收益对称原则,确保银行贷款安全性。银行贷款业务是一项风险性的任务,利差的很大一部分被认为是投资风险的回报。一笔贷款一旦出现了问题,追讨的操作成本是相当大的,并且追讨的结果也通常都不能使人满意,会给银行造成重大损失。故而所有银行都会竭尽全力将不良贷款的比例控制在最小范围。在具体操作过程当中,除了在贷款审核发放等环节需要严格把关外,合理的定价也是保证贷款安全的重要措施。一般说来,风险越大(包括客户的违约风险、市场利率风险等),越需要有较高的价格做补偿。但有时过高的利率反而会增加了客户违约的可能性,使之无法如期足额还本付息。所以从理论讲,银行应当对贷款申请人做全面的调查,做到足够的了解,并且在把握外部市场动态的前提下为该笔贷款选定与其所蕴含的风险相匹配的价格。同时,贷款利率的高低也体现着银行选择客户的策略,银行可以通过降低或提高利率达到扩充或收缩其贷款组合的目的。

(四)维护银行形象原则

作为经营信用业务的企业,良好的社会形象是商业银行生存与发展的重要基础。首先,金融企业控制着经济建设三大命脉之一的资金,金融市场的稳定乃是社会经济健康发展的必要条件。为了实现我国社会主义市场经济平稳、快速地增长,国家制定了一系列法律法规来规范金融市场的运作。政府在一定时期会发布一些货币、利率政策以进行必要的宏观调控,作为中华人民共和国境内的企业法人,各银行必须遵纪守法,经营不能突破现有的管制。其次,商业银行也有责任配合政府的宏观经济政策的实施,维护良好的社会形象,这也有助于银行自身长期、稳步地发展。商业银行不能利用贷款价格搞恶性竞争,破坏金融秩序,损害社会整体利益。

## 第二节　贷款定价模式

商业银行贷款定价的具体方法有四大模式:成本加成模式、价格领导定价模式、客户盈利性分析模式和利率上限定价模式。在定价实践中,这几种模式往往混合使用。

### 一、成本加成模式

这是一种较为传统的定价模式,商业银行认为任何贷款的利率都应包括以下四部分:资金成本、贷款经营成本、风险补偿费和目标利润,贷款价格由这四部分加总而得。

采用这种定价方法的基本条件为:一是商业银行能够精确地测算并分配其经营成本到每一项业务、每一个客户,这要求商业银行有一个精心设计的成本管理系统;二是商业银行能充分估计出贷款的违约风险、期限风险及其他相关风险,以确定每一笔信贷业务的风险溢价,这要求商业银行拥有完善的贷款风险管理系统。

贷款利率包含的四部分的内容说明:

(1)资金成本,指商业银行为筹集贷款资金所发生的成本。

(2)贷款经营成本,指因贷款业务发生而新增的费用支出,主要包括对借款人进行信用调查、信用分析所发生的费用,抵押物鉴别、估价、维护费用,贷款资料整理、保管费用,贷款本金和利息的回收费用,应分摊的信贷人员的工资及福利支出,专用器具和设备的折旧费用等。

(3)风险补偿费,指事前(损失发生以前)对风险承担的价格补偿。由于贷款的对象、期限、方式等各不相同,所以每笔贷款的风险程度也各不相同,贷款价格中必须考虑风险补偿费。一般来讲,贷款定价中考虑的风险因素有两个:一是违约风险补偿费,违约风险是指贷款人不能按期还本付息的可能性,其可通过信用评级和历史数据得出。二是期限风险补偿费,期限风险是指贷款资产与债务资金期限不匹配时商业银行面临的流动性风险。

(4)目标利润,指为商业银行股东提供一定的资本收益率所必需的利润水平。

根据以上分析,可得出在“成本加成模式”下贷款保本利率及保利利率的计算公式:

$$\text{贷款保本利率} = (1) + (2) + (3)$$

$$\text{贷款保利利率} = (1) + (2) + (3) + (4)$$

**【例5－1】 成本加成模式计算举例**

商业银行向A公司发放一笔500万元的1年期流动资金贷款，如果商业银行在金融市场上筹集该笔资金的利率为1.5%，发放此笔贷款的经营成本是1.2%，为了补偿该笔贷款可能发生的违约风险损失为2%，商业银行的预期利润水平为1%，那么根据"成本加成模式"，该笔贷款利率的计算结果是：

$$1.5\% + 1.2\% + 2\% + 1\% = 5.7\%$$

成本加成定价法的优点在于，商业银行能够明确办理贷款时的各项成本，有利于其确保目标利润的实现，同时为商业银行提供了控制贷款成本以提高竞争力的手段。成本加成定价法的缺点在于，它仅从商业银行自身角度出发给贷款定价，而忽略了客户需求、同业竞争、市场利率水平变化等因素，且没有考虑不同客户给商业银行带来的不同贡献，商业银行可能因贷款价格偏高而在信贷市场上失去竞争力。

## 二、价格领导定价模式

价格领导定价模式就是基准利率加点模式，也就是在基准利率的基础上加点或乘以一个系数来确定的贷款利率。基准利率可以是国库券利率、大额可转让存单利率、银行同业拆借利率、商业票据利率等货币市场利率，也可以是优惠贷款利率，即商业银行对优质客户发放短期流动资金贷款的最低利率。由于这些金融工具或借贷合约的共同特征是违约风险低，所以它们的利率往往是金融市场常用的定价参照系，被称为无风险利率或基准利率。对于所选定的客户，商业银行通常会允许客户选择相应期限的基准利率作为定价的基础，附加的贷款风险溢价水平因客户的风险等级不同而有所差异。计算公式为：

贷款利率＝基准利率＋风险溢价（点数）

或：贷款利率＝基准利率×风险溢价（乘数）

风险溢价主要考虑客户违约风险和期限风险。

**【例5－2】 价格领导定价模式计算举例**

一家规模中等的企业申请一笔3年期的贷款。如果基准利率是8%，违约风险是2%，期限风险是2%，那么根据"价格领导定价模式"，该笔贷款利率的计算结果是：

$$8\% + 2\% + 2\% = 12\%$$

价格领导定价模式源自20世纪30年代经济大萧条时期，那时西方一些大银行提出"优惠利率"的概念，作为对信誉最好的顾客发放短期营运资金贷款采用的最低利率。此后，优惠利率逐渐成为确定贷款利率的基础。随着时间的推移，到了 20 世纪 70 年代，越来越多的大银行主要使用欧洲美元作为贷款资金，并且随着银行系统日益国际化，大量外国银行涌入一国贷款市场，促使伦敦银行同业拆借利率逐渐取代了优惠利率而成为国际借贷市场上最流行的定价标准。

目前，这种方法在中国香港、新加坡等地区非常流行。香港银行界的贷款利率以各家银行确定的优惠利率为基础，根据不同客户的风险状况来确定，或以香港银行同业拆借利率为基础并根据风险状况适度加上利差。新加坡的贷款定价同样主要采用优惠加数方法，即根据不同客户的资信情况、贷款期限、抵押品或信用状况确定不同的利差。

我国外汇贷款利率放开以后，国内各家商业银行外汇贷款定价普遍采用该种方法，以伦敦银行同业拆借利率为基准利率，再在此基础上加或乘相应的风险点数。贷款的风险溢价通常称为加价，银行可以通过降低或提高贷款的加价幅度，来扩充或收缩其贷款总量。

## 三、客户盈利性分析模式

客户盈利性分析模式是一个较为复杂的贷款定价系统，其主要思想是认为贷款定价实际上是客户关系整体定价的一个组成部分，商业银行在对每笔贷款定价时，应该综合考虑其与客户的全面业务关系中付出的成本和获取的收益。客户盈利性分析法的基本框架是评估商业银行从某一特定客户的银行账户中获得的整体收益是否能实现商业银行的利润目标，因此亦称账户利润分析法。商业银行要将该客户账户给银行带来的所有收入与所有成本，以及银行的目标利润进行比较，再测算如何定价。用公式表示为：

$$账户总收入 \geq 账户总成本 + 目标利润$$

公式说明：

**1. 账户总收入**

账户总收入包括商业银行可以从客户的账户中获得的可投资存款的投资收入、表内外业务服务费收入和对该客户贷款的利息收入及其他收入等。其中，客户账户中的可投资存款额是指该客户在计算期内的平均存款余额扣减托收未达现金、法定存款准备金后的余值。商业银行求出可投资存款额后，结合一定的存款收益率水平，即可计算出该客户存款给银行带来的投资收入。服务费收入主要是贷款承诺费、结算手续费等收入。

**2. 账户总成本**

账户总成本包括资金成本、所有的服务费和管理费以及贷款违约成本。资金成本即商业银行提供该笔贷款所需资金的边际成本,这里使用的是债务资金的加权边际成本。所有的服务费和管理费包括该客户存款账户的管理费用,客户存取款项、签发支票的服务费用,贷款的管理费用(如信用分析费用、贷款回收费用和质押品的维护费用等)及其他服务项目的费用。违约成本是商业银行基于贷款风险度量估算出的类似贷款平均潜在违约损失。

**3. 目标利润**

目标利润是指银行资本要求从每笔贷款中获得的最低收益。目标利润可根据银行既定的股东目标收益率(资本的目标收益率)、贷款分配的资本金比例(资本与总资产比率)及贷款金额确定,其计算公式为:

$$目标利润 = 资本/总资产 \times 资本的目标收益率 \times 贷款额$$

**【例5-3】 客户盈利性分析模式计算举例**

某客户在一家银行开有户头,表5-1中列出了甲客户在本年度的前三个月内的所有账户活动,该项贷款的8%由资本金持有,92%来自银行负债。其资本税前目标收益率由银行的高层管理者确定为18%。请利用表5-1的资料判断该行的贷款定价是否合理?该贷款定价能否实现银行的利润目标?

表5－1　甲客户基本情况表

贷款合同：

500万元上限的循环使用贷款承诺

贷款利率：该银行的90天定期存款平均利率+4%

服务费：贷款承诺上限的0.125%

补偿存款：贷款承诺额的3%+实际贷款额的3%（按实收存款额计）

| 账户活动 | 数量（次） | 单位成本（元） |
| --- | --- | --- |
| 活期存款： | | |
| 提取： | 4 187 | 0.23 |
| 转账： | 15 906 | 0.12 |
| 存款： | 90 | 0.35 |
| 账户维持： | 3 | 6.75 |
| 退账： | 33 | 3.50 |
| 电子转账： | 362 | 2.00 |
| 工资发放： | 3 | 1 500.00 |

| 存款和贷款额 | |
| --- | --- |
| 平均贷款额： | 4 400 000元 |
| 贷款利率： | 12% |
| 贷款年管理费率： | 0.7% |
| 贷款年风险费率： | 1% |
| 平均存款额： | 174 516元 |
| 平均托收中现金： | 60 112元 |
| 法定存款准备金率： | 10% |
| 存款收益率： | 5.8% |
| 加权平均资金成本率： | 8.55% |

甲客户本年度第一季度账户利润分析情况如表5－2所示：

表 5-2　甲客户本年度第一季度账户利润分析表

单位：元

| |
|---|
| (1)账户总收入：<br>平均存款额：174 516<br>托收中现金：-60 112<br>实际存款额：114 404<br>法定存款准备金：-11 440(114 404×10%)<br>可投资金融：102 964<br>①投资收入：5.8%×(90/365)×102 964=1 473<br>②服务收入：0.125%×(90/365)×5 000 000=1 541<br>③贷款利息收入：12%×(90/365)×4 400 000=130 192<br>总收入合计：　　　　　133 206 |
| (2)账户总成本：<br>①活期存款成本：<br>提取：4 187×0.23=963.01<br>转账：15 906×0.12=1 908.72<br>存款：90×0.35=31.50<br>账户维持：3×6.75=20.25<br>退账：33×3.50=115.50<br>合计：3 039<br>②电子转账：362×2.00 =724<br>③工资发放：3×1 500=4 500<br>④贷款成本：<br>贷款管理费：0.70%×(90/365)×4 400 000=7 595<br>贷款风险费：1%×(90/365)×4 400 000=10 849<br>贷款利息成本：8.55%×(90/365)×4 400 000=92 762<br>总成本合计：119 469 |
| (3)目标利润：8%×(90/365)×18%×4 400 000=15 623<br>账户总收入-(账户总成本+目标利润)：-1 886 |

表 5-2 的计算结果表明，要实现利润目标，商业银行从该账户中获得的总收入还应该增加至少 1 886 元。

从表 5-2 中可知，甲客户在银行的实际存款为 114 404 元。但是根据合同规定贷款承诺额的 3% + 实际贷款额的 3% 的补偿余额要求，甲客户的实际存款应为

282 000元(5 000 000×3% +4 400 000×3%)。若甲客户真正满足了补偿余额的要求,该账户的可投资金额为253 800元(282 000 - 282 000×10%),投资收入为3 630元[253 800×5.8%×(90/365)],增加了2 157元(3 630 - 1 473),则该账户的总收入就大于总成本与目标利润之和,即(133 206 +2 157) - (119 469 +15 623) =271元,商业银行就能够实现其既定的利润目标,这说明贷款的定价是合理的,信贷人员应要求甲客户增加活期存款,以达到贷款合同中规定的补偿余额,从而实现银行的利润。

如果商业银行使用客户盈利性分析模式为新客户的贷款定价,就需预测客户的账户活动,在此基础上估算账户总成本和总收入,商业银行也可以使用该方法对已发放贷款的老客户的贷款的价格水平进行评价。总的来说,如果账户净收益等于目标利润,那么说明贷款定价基本合理。当借款者满足所有的合同条款后,若银行仍不能达到其利润目标,则说明贷款定价过低。商业银行应设法调高贷款利率或增加服务收费,以保证银行获得正常的利润,但贷款利率也不可过高,否则银行会失去市场。

### 四、利率上限定价模式

利率上限定价模式是指商业银行向借款人提供浮动利率贷款,但同时也设定了贷款利率的上限。

**【例5-4】　利率上限定价模式计算举例**

假设商业银行向某借款者提供一笔浮动利率贷款,贷款时的初始利率为优惠利率+2%,该笔贷款利率上限是初始利率+5%。如果优惠利率是10%,则初始贷款利率是12%,但是贷款利率始终不能大于17%。

## 第三节　保证担保管理

### 一、保证担保的基本概述

#### (一)保证担保的特征

1. 保证是一种人的保证。
2. 保证人为债务人以外的第三人。
3. 保证人必须具有代为清偿的能力。
4. 保证人履行义务不具有必然性。

## (二)保证担保的方式

依据《担保法》,保证的方式主要有两种,即一般保证和连带责任保证。采用不同的保证方式,保证人承担的保证责任有所不同,对商业银行债权的保护也存在很大差别。

### 1. 一般保证

一般保证是指双方当事人在保证合同中约定,若债务人到期不能偿还债务,则由保证人承担保证责任的一种保证方式。

### 2. 连带责任保证

连带责任保证是指双方当事人在保证合同中约定,由保证人与债务人共同对债务承担连带责任的一种保证方式。在采用连带责任保证方式时,若债务人到期没有还款,则商业银行可以要求债务人还款,也可以要求保证人在保证范围内履行担保责任。

如果在合同中,双方当事人未对保证方式进行约定或约定不明确,那么商业银行通常会采用连带责任保证方式以确保债权的最终实现。

### 3. 一般保证与连带责任保证的区别

**(1)保证人承担的担保责任不同**

采用一般保证方式时,通常保证人只在强制执行债务人财产后、债务人仍旧无法还款时才履行担保责任;采用连带责任保证方式时,保证人须在借款合同期满、债务人未按约定还款时履行担保责任。

**(2)保证合同的诉讼时效中断不同**

采用一般保证方式时,如果贷款的诉讼时效中断,那么保证债务的诉讼时效也随之中断;采用连带责任保证时,即使贷款的诉讼时效已中断,保证债务的诉讼时效也不会因此而中断。

**(3)保证人享有的抗辩权不同**

采用一般保证方式时,保证人享有先诉抗辩权和免责抗辩权;采用连带责任保证时,保证人仅享有抗辩权,不享有先诉抗辩权。

**(4)保证人在诉讼中的地位不同**



若借款担保合同发生纠纷,则采用一般保证时,保证人只能被列为共同被告,而采用连带责任保证时，保证人既可被列为共同被告也可被列为单独被告。

### （三）保证担保的范围

保证担保范围分为法定范围和约定范围。

#### 1. 法定范围

《担保法》规定的法定担保范围是：

（1）主债权，即由借款合同、银行承兑协议、出具保函协议书等各种信贷主合同所确定的独立存在的债权。

（2）利息，即由主债权派生的利息。

（3）违约金，即由法律规定或合同约定，若债务人不履行或不完全履行债务时，应付给商业银行的金额。

（4）损害赔偿金，即因未履行或未完全履行债务而给商业银行造成损失时，债务人应支付给商业银行的补偿费。

（5）实现债权的费用，即因债务人在期限届满时不履行或不完全履行债务，商业银行为实现债权而支出的一些合理费用，通常包括诉讼费、执行费、鉴定评估费、拍卖费、公证费等支出。

#### 2. 约定范围

双方当事人应在担保合同中明确约定保证人承担保证责任的具体范围。若双方当事人未对担保范围做出约定或约定不明确，则保证人应对全部债务承担保证责任。

### （四）保证期间

#### 1. 保证期间的含义及种类

保证期间是指按照法律规定或合同约定，债权人可向债务人（一般保证方式下）或保证人（连带责任保证方式下）主张权利的一段时间。《担保法》规定：采用一般保证方式时，若债权人在保证期间内未向债务人提起诉讼或申请仲裁；采用连带责任保证方式时，若债权人在保证期间内未要求保证人履行担保责任，则保证人可免除保证责任。保证期间既可以督促债权人及时向债务人或保证人行使权利，也可避免由于债务人财务状况恶化而影响到债权实现的可能，同时也能规避保证人长期处于可能履行担保责任的不利状态。

保证期间主要有三种：

**（1）约定期间**

约定期间是指在保证合同中由双方当事人事先约定的保证人承担保证责任的时

限，通常为主债务期限届满之日起两年。

(2)法定期间

《担保法》规定：保证人和债权人未在合同中约定保证期间的，保证期间为主债务履行期届满之日起六个月。

(3)连续保证期间

连续保证期间是指对连续发生的债权，保证人在一定的最高限额内提供保证的时限。如果最高额保证合同已经明确了保证期间，那么商业银行即可执行此约定期间；如果最高额保证合同并未明确约定保证期间或约定不明，那么保证期间按照自清偿期限届满之日起六个月来计算；如果最高额保证合同并未约定债务清偿期限，那么保证期间按照自最高额保证终止之日或自债权人收到保证人终止保证合同的书面通知书到达之日起六个月来计算。

**2. 保证期间与保证合同诉讼时效期间的区别**

在保证期间与保证合同诉讼时效期间内，若商业银行没有行使权利，则都可能导致保证人不再承担保证责任，但这两种期间有着本质上的区别。

(1)期间的确定方式不同

保证期间的确定由双方当事人约定，若当事人未约定，则适用法律规定，但双方当事人的约定优先于法律规定适用；保证合同诉讼时效期间排除了双方当事人之间的约定，其是由法律强制规定的，法律规定的普通诉讼时效期间为两年，从知道或者应当知道权利被侵害之日起计算。

(2)期间的起算点不同

保证期间的起算点是借款合同约定的贷款到期日；而保证合同诉讼时效期间的起算点会因保证方式的不同而有所差异，采用一般保证方式时，诉讼时效期间是从借款合同纠纷判决或仲裁裁决生效之日起开始计算，采用连带责任保证方式时，诉讼时效期间是从商业银行要求保证人承担保证责任之日起开始计算的。

(3)期间届满后的法律后果不同

在保证期间届满后，保证人不再承担保证责任，商业银行享有的担保权利也同时消灭，诉讼时法院应判保证人免除保证责任；在保证合同诉讼时效期间届满后，商业银行因其对保证人的请求权消灭而丧失了胜诉权，诉讼时法院应驳回商业银行对保证人的诉讼请求。

**(4)中断、中止情况不同**

通常,保证期间是一个不变的期间,不会因任何事由而被中断、中止或延长。但在采用一般保证方式时,保证期间会因商业银行对债务人提起诉讼或申请仲裁而中断。保证合同诉讼时效期间则可依据法律规定的事由而被中断、中止或延长。

**(5)适用的时间顺序不同**

在借款合同期限届满后,保证期间开始发挥作用。但在保证期间内,当商业银行向采用一般保证方式下的债务人提起诉讼、申请仲裁或要求采用连带责任保证方式下的保证人承担保证责任时,保证期间便失去了效力,此时保证合同诉讼时效期间开始发挥作用。

**3. 保证合同诉讼时效与借款合同诉讼时效的关系**

保证合同与借款合同是两个相对独立的合同,具有各自的诉讼时效。但因保证合同为借款合同的从属合同,故二者之间存在一定的联系,主要体现在两个方面:一是诉讼时效中断方面,采用一般保证方式时,保证合同的诉讼时效随借款合同诉讼时效的中断而中断,采用连带责任保证方式时,保证合同的诉讼时效并不会因借款合同诉讼时效的中断而中断;二是诉讼时效中止方面,无论采用哪种保证方式,保证合同的诉讼时效都会随借款合同诉讼时效的中止而中止。在实践中,商业银行应多关注这些期间之间的相互关系,避免因错过追偿时机而遭受损失。

### (五)保证人的免责

依据法律法定或双方约定,在下列情形下保证人可免除保证责任:

1. 在保证期间内,商业银行依法将主债权转让,而双方事先约定禁止债权转让或者保证人仅对指定的商业银行承担保证责任的。
2. 在保证期间内,未经保证人书面同意,商业银行许可债务人转让债务的。
3. 在保证期间内,未经保证人书面同意,商业银行私自与债务人签订协议、变更主合同并加重债务的,保证人对增加的债务部分可免除保证责任。
4. 当同一债权兼有人的担保又有物的担保时,保证人只对物的担保以外的债权承担保证责任。若商业银行放弃物的担保,则保证人可在商业银行放弃权利的范围内免除保证责任。因此,只要有物的担保,保证人即可在物的担保的范围内免责。
5. 因为主合同双方当事人串通或商业银行采取欺诈、胁迫等手段,骗取保证人承担保证责任或违背保证人真实意思的。
6. 若最高额保证合同未约定保证期间,则保证人书面通知商业银行终止保证合同,保证人对商业银行收到通知后所产生的债务不承担保证责任。

7. 在主合同双方当事人协议以新贷偿还旧贷的情形下，如果新贷与旧贷的保证人并非同一人，且新贷的保证人对以新还旧的事实并不知情，那么新贷的保证人可免除保证责任，旧贷的保证人也可因债权的消灭而免除责任，但新贷与旧贷为同一保证人的情形除外。

8. 在债务人破产时，商业银行申报债权后在破产程序中未受清偿的部分，应当在破产程序终止后六个月内向保证人提出要求，超过六个月提出的，保证人可免除保证责任。

9. 在商业银行已知或应知债务人破产、但却并未申报债权也未通知保证人的情形下，致使保证人无法预先行使追偿权的，保证人在该债权于破产程序中可能受偿的范围内可免除保证责任。

10. 子公司为母公司提供的担保无效，保证人可免去大部分责任。

11. 企业集团的财务公司只可为集团内部的成员单位提供担保，为本集团成员以外的单位和个人提供的担保无效。

## 二、保证人需提交的资料

### （一）保证担保意向书

**【例 5－5】 保证担保意向书**

保证担保意向书

____________银行________分行________县支行________办事处：

______________（借款人）向贵行申请办理金额为________万元（￥　　）、期限为________个月的__________贷款业务。经研究，我方愿意为其担保________万元（￥　　），如借款人不能按期归还银行贷款，由我方承担偿还贷款本息责任，必要时可从我方账户扣收。我方财产状况如下，请贵行审查。

| 担保单位名称 | | | | 经济性质 | |
|---|---|---|---|---|---|
| 开户银行 | | 账号 | | 营业执照号码 | |

<table>
<tr><td rowspan="6">现有资产</td><td>项目</td><td>金额<br>（万元）</td><td rowspan="6">现有负债</td><td>项目</td><td>金额<br>（万元）</td><td rowspan="6">年经济效益</td><td>项目</td><td>金额<br>（万元）</td></tr>
<tr><td>固定资产原值</td><td></td><td>各项固定<br>资金贷款</td><td></td><td>工业总产值</td><td></td></tr>
<tr><td>固定资产净值</td><td></td><td>全部流动<br>资金贷款</td><td></td><td>销售收入</td><td></td></tr>
<tr><td>流动资产</td><td></td><td></td><td></td><td>利润</td><td></td></tr>
<tr><td>有价证券</td><td></td><td></td><td></td><td>税金</td><td></td></tr>
<tr><td>自有流动资金</td><td></td><td></td><td></td><td></td><td></td></tr>
<tr><td colspan="5" rowspan="2">担保单位（章）<br>法人代表（签章）<br>年　　月　　日</td><td colspan="4">信贷客户经理意见：<br>（章）<br>年　　月　　日</td></tr>
<tr><td colspan="4">科（股）长意见：<br>（章）<br>年　　月　　日</td></tr>
</table>

## （二）其他资料

### 1. 保证人为自然人

（1）户口簿、有效身份证件及复印件。

（2）收入、资产证明材料，纳税证明。

（3）经办银行要求提供的其他资料。

### 2. 保证人为法人、其他经济组织

（1）经工商行政管理部门年检合格的法人营业执照或事业单位法人证书。如果保证人是企业法人的分支机构，那么其还需提供企业法人的书面授权委托书原件。

（2）企业章程或合伙、合作、联营等协议文书及验资证明。

（3）股东或董事会名册，法定代表人（负责人）的身份有效证明。

（4）经审计的近三年的财务报表和审计报告，成立不足三年的企业需提供与其成立年限相当的财务报表和审计报告。

（5）贷款卡（证）、开户许可证和信用等级证明。

(6)经办银行要求提供的其他资料。

## 三、保证人的资格调查

### (一)保证人的资格

《担保法》第7条规定:“具有代为清偿债务能力的法人、其他组织或者公民,可以作保证人。”保证人必须具有完全民事行为能力,且具备代为履行主债务的资力。

依法不具备保证资格的法人、其他经济组织或自然人:

1. 国家机关不得充当保证人,但经国务院批准对特定事项作保证人的情况除外。

2. 学校、医院、幼儿园、文艺团体等以公共利益为目的的事业单位、社会团体不得充当保证人。

3. 企业法人的分支机构或职能部门不能充当保证人,若有该法人书面授权,其可在授权范围内提供保证。

4. 政府及其所属部门不得要求银行等金融机构或者企业为他人提供担保。银行等金融机构或者企业对强令其为他人提供保证的行为,有权予以拒绝。

5. 不具备法人资格和清偿能力的主管部门及行政机构不得充当保证人。

6. 董事、经理不得以公司资产为本公司的股东或者其他个人的债务提供担保。

7. 上市公司不得以公司资产为本公司的股东、股东的控股公司、股东的附属企业或者其他个人的债务提供担保。

### (二)保证人的代偿能力

**1. 自然人的代偿能力**

调查自然人的代偿能力和额度时,应依据其资产、收入、负债等具体情况进行评估,原则上不超过下列数值:

(1)农户贷款

保证额度=(保证人不动产价值+机动车辆价值+贷款年限×保证人年收入)×70%

(2)非农户贷款

保证额度=贷款年限×保证人年收入×55%

**2. 法人、其他经济组织的代偿能力**

调查法人、其他经济组织的代偿能力和额度时,应综合评估保证人的资产规模与

质量、经营状况、盈利能力、偿债能力、信用记录等因素,可参考下列计算方法:

保证额度 = [(资产总额 - 负债总额) - 已为他人提供的各类担保余额] × N

其中:①资产总额与负债总额的差额分别采用当期和上一年度的财务数据计算并取较低值;②N 为信用等级调整系数,其中:AAA 级取值为2,AA 级取值为1.8,A 级取值为1.6, BBB 级取值为1.3,BB 级及以下取值为1。

**3. 专业担保机构的代偿能力**

通常,专业担保机构的累计担保责任余额最高不得超过其担保基金数额的10倍。专业担保机构对借款人本次贷款的担保比例不得低于60%,且借款人已对未担保部分提供了合法、有效、足值的其他担保。

(三)保证人的代偿意愿

对于商业银行而言,保证人具备代偿能力并不意味着贷款偿还有了保障,还必须审慎分析保证人的代偿意愿才行。

**1. 保证人信用及履约记录**

商业银行需要掌握保证人开立的账户信息、还本付息记录、合同履行和诉讼案件等情况,综合判断保证人履行代偿义务的可行性。商业银行尤其要关注在以往的担保中,保证人之所以履约是完全出于自愿,还是被迫做出。若保证人尚未履行过去的保证责任,且无明确证据表明其愿意承担保证责任,那么商业银行信贷客户经理就应对此次保证的有效性持谨慎的态度。

**2. 保证人与借款人之间的关系**

因为与借款人有着某种密切的关系或者出于某种经济动机,所以保证人才愿意承担保证责任。保证人有可能是借款人的股东、合伙人、母公司、有业务往来的企业或者自然人。常见的经济动机主要有:①保证人对贷款项目有投资;②保证人的项目与贷款项目做了交叉抵押,或者与贷款项目密不可分;③保证人已部分履行了保证责任。无论是哪种情况,保证人与借款人之间一定存在着某种经济利益关系,商业银行应详细了解情况,准确判断保证人的代偿意愿。

# 四、撰写保证方式担保评价报告

## 【例5－6】 保证方式担保评价报告

保证方式担保评价报告

金额单位：人民币为万元，外汇为万美元

<table>
<tr><td colspan="6">保证方式担保</td></tr>
<tr><td>保证人全称</td><td colspan="2"></td><td>保证人代码</td><td colspan="2"></td></tr>
<tr><td>技监局代码</td><td colspan="2"></td><td>法定代表人名称</td><td colspan="2"></td></tr>
<tr><td>保证金额</td><td colspan="2"></td><td>贷款卡号</td><td colspan="2"></td></tr>
<tr><td>保证期限</td><td colspan="2"></td><td>信用等级</td><td colspan="2"></td></tr>
<tr><td>实收资本</td><td colspan="2"></td><td>注册资本</td><td colspan="2"></td></tr>
<tr><td>开户银行</td><td colspan="2"></td><td>结算户账号</td><td colspan="2"></td></tr>
<tr><td>项目</td><td>上年末</td><td>当年月末</td><td>项目</td><td>上年</td><td>当年预计</td></tr>
<tr><td>资产总额</td><td></td><td></td><td>经营活动现金流入量</td><td></td><td></td></tr>
<tr><td>其中：流动资产</td><td></td><td></td><td>经营活动现金流出量</td><td></td><td></td></tr>
<tr><td>其中：存货</td><td></td><td></td><td>经营活动现金净流量</td><td></td><td></td></tr>
<tr><td>其中：应收账款</td><td></td><td></td><td>投资活动现金流入量</td><td></td><td></td></tr>
<tr><td>其中：长期投资</td><td></td><td></td><td>投资活动现金流出量</td><td></td><td></td></tr>
<tr><td>负债总额</td><td></td><td></td><td>投资活动现金净流量</td><td></td><td></td></tr>
<tr><td>其中：流动负债</td><td></td><td></td><td>筹资活动现金流入量</td><td></td><td></td></tr>
<tr><td>所有者权益</td><td></td><td></td><td>筹资活动现金流出量</td><td></td><td></td></tr>
<tr><td>其中：实收资本</td><td></td><td></td><td>筹资活动现金净流量</td><td></td><td></td></tr>
</table>

| 项目 | 上年末 | 当年月末 | 项目 | 上年末 | 当年月末 |
|---|---|---|---|---|---|
| 主营业务收入 | | | 资产负债率 | | |
| 主营业务利润 | | | 流动比率 | | |
| 营业利润 | | | 应收账款周转率 | | |
| 利润总额 | | | 存货周转率 | | |
| 净利润 | | | 销售利润率 | | |
| 已抵押资产 | | | 已提供担保 | | |
| 信用等级调整系数 | | | 保证额度 | | |
| 有无合法保证资格 | □有 | □无 | 有无足额保证能力 | □有 | □无 |
| 有无不良贷款 | □有 | □无 | 有无拖欠利息 | □有 | □无 |
| 有无相互保证情况 | □有 | □无 | 是否为母公司担保 | □是 | □否 |
| 资料是否齐全 | □是 | □否 | 是否进行过核保 | □是 | □否 |

经评估后，对符合条件的保证人，商业银行信贷人员撰写保证方式担保评价报告，随信贷审查材料一并上传至处理中心，做审查审批的参考。若不符合条件，则将资料退还保证人，并向其说明情况。

## 第四节 抵押担保管理

### 一、抵押担保的特征

1. 抵押权是担保物权。

2. 抵押权是债务人或者第三人以其拥有的或者有权处分的特定财产而设定的物权。

3. 抵押权是不转移对标的物占有的物权。

4. 抵押权人有权就抵押财产优先受偿。

## 二、抵押物的范围

### (一)商业银行对抵押物的选择

《担保法》规定,下列财产可以抵押:

1. 抵押人所有的房屋和其他地上定着物。

2. 抵押人所有的机器、交通运输工具和其他财产。

3. 抵押人依法有权处分的国有的土地使用权、房屋和其他地上定着物。

4. 抵押人依法有权处分的国有的机器、交通运输工具和其他财产。

5. 抵押人依法承包并经发包方同意抵押的荒山、荒沟、荒丘、荒滩等荒地的土地使用权。

6. 依法可以抵押的其他财产。

### (二)商业银行不得接受的抵押财产

1. 土地所有权。

2. 耕地、宅基地、自留地、自留山等集体所有的土地使用权,但担保法特别规定的除外。

3. 学校、幼儿园、医院等以公益为目的的事业单位、社会团体的教育设施、医疗卫生设施和其他社会公益设施。

4. 所有权、使用权不明或者有争议的财产。

5. 依法被查封、扣押、监管的财产。

6. 依法不得抵押的其他财产。

依法不得抵押的其他财产包括国家机关的财产,违法违章的临时建筑物,已依法公告并列入拆迁、改造范围的建筑物,已被列入文物保护的建筑物和具有重要纪念意义的建筑物等。

## 三、抵押担保材料

### (一)抵押担保意向书

**【例5-5】 抵押担保意向书**

抵押担保意向书

______银行______分行______县支行:

______(借款人)因______需要向贵行申请办理金额为______万元(¥　　)、期限为______个月的______贷款业务。本单位(人)经慎重考虑,同意以自身有权处分的财产______,价值______万元(¥　　),对该项借款本息设定抵押担保。本单位(人)郑重承诺:若借款人不能按期归还贷款,贵行作为抵押权人有权依照法律和合同约定,将该财产折价、拍卖或者变卖,并以所得价款优先受偿。

此致

抵押人(签章)

抵押人地址:

抵押人联系电话:

年　　月　　日

### (二)抵押物的证明材料

1. 以土地使用权作为抵押物的,抵押人须提交县级以上土地管理部门颁发的国有土地使用权证。

2. 以现房作为抵押物的,抵押人须提交房屋所有权证和由县级以上土地管理部门颁发的国有土地使用证。

3. 以在建工程作为抵押物的,抵押人须提交土地使用权出让合同、国有土地使用证、建设用地规划许可证、建设工程规划许可证、建筑工程施工许可证、商品房销(预)售许可证(如有)。

4. 以企业生产设备、原辅材料、产品或商品作为动产抵押物的,须提交有关动产抵押的所有权证书或使用权证书。

5. 以机动车作为抵押物的,须提交机动车行驶证和机动车登记证。

6. 以船舶作为抵押物的,须提交船舶所有权登记证书或者船舶建造合同。

7. 以民用航空器作为抵押物的，须提交民用航空器所有权登记证书或者相应的所有权证明文件。

8. 以进口关键设备作为抵押物的，须提交发票和海关证明。

### （三）抵押人资格证明材料

参照保证人需提交的资料中的其他资料。

## 四、抵押物资格调查

### （一）对国有土地使用权抵押的调查

依据取得方式的不同，国有土地使用权可以被分为划拨性质的土地使用权和出让性质的土地使用权。前者不必支付出让金即可无偿获得，无使用期限的限制，但使用权人仅享有占有和使用权而无处分权，不得转让、出租、抵押国有土地使用权。后者需要支付出让金才可获得，且有使用年限的限制。

**1. 对划拨性质的土地使用权的调查**

（1）国有土地使用证。

（2）地上建筑物和其他地上定着物的合法产权证明。

（3）出让金的数额、交付方式和交付时间。

（4）经具有审批权限的人民政府或土地行政管理部门批准抵押的文件。

（5）抵押人委托具有评估资格的中介机构出具的地价评估报告。注意抵押权的终止时间不得超过土地使用权的终止时间。

**2. 对出让性质的土地使用权的调查**

（1）抵押人已按照合同约定支付全部出让金，并取得土地使用证书。

（2）抵押人已按照合同约定的用途开发土地，若抵押房地产时房屋已经建成，则还须持有房屋所有权证书。

（3）抵押人已按照合同约定的期限开发土地。《中华人民共和国城市房地产管理法》第 26 条规定："以出让方式取得土地使用权进行房地产开发的，必须按照土地使用权出让合同约定的土地用途、动工开发期限开发土地。超过出让合同约定的动工开发日期满一年未动工开发的，可以征收相当于土地使用权出让金百分之二十以下的土地闲置费；满二年未动工开发的，可以无偿收回土地使用权……"也就是说，对于合同约定的期限满两年还未动工开发的土地使用权，商业银行原则上不能设定抵押。

### （二）对房地产抵押的调查

1. 抵押人须提交合法的、与不动产登记簿一致的房屋所有权证或房屋共有权证，不存在预告、异议登记的情况。

2. 抵押人以共有房屋作为抵押物的，须提交共有人同意抵押的书面文件。

3. 抵押人须同时抵押房屋所有权及关联的土地使用权。

4. 抵押人以涉及集体土地使用权的乡（镇）、村企业厂房或建筑物等作为抵押物的，须提交集体土地所有者同意抵押的书面文件。

5. 合法有效的抵押登记手续文件。

### （三）对在建工程抵押的调查

1. 开发商已取得国有土地使用证、建设用地规划许可证、建设工程规划许可证、建筑工程施工许可证。

2. 开发商已缴纳土地出让金或需缴纳的等额资金。

3. 开发商已投入工程款项的证明资料。

4. 在建工程的施工进度与工程竣工日期。

5. 开发商须同时抵押在建工程占用范围内的土地使用权。

6. 在抵押期间内，若在建工程竣工，则在开发商取得房地产权属证明后，应重新办理抵押登记手续。

### （四）对动产抵押的调查

1. 用于抵押的动产必须权属清晰。

2. 用于抵押的动产必须易于变现，且价格比较稳定，动产的存续期远长于抵押期间。

3. 用于抵押的动产易于商业银行监管。

4. 用于抵押的动产应当明确、特定化，在抵押合同和抵押登记申请书上，抵押人应列明动产的名称、数量、品牌、型号、规格、价值、出厂日期、使用年限、存放地点等要素。

### （五）对林木抵押的调查

1. 抵押物属于法律允许可以用于抵押的林木范围。

2. 抵押人是否拥有林木或林地的所有权、使用权或经营权及其有效期。

3. 评估林木发生病虫害、毁损、火灾等可能导致抵押物灭失或价值下降的风险。

4. 抵押人是否已经取得林木采伐许可证，评估林木变现是否存在风险。

### （六）对荒地等土地承包经营权抵押的调查

对于用于抵押的荒山、荒沟、荒滩等荒地，商业银行应详细调查抵押人是通过何种方式（公开协商、招标、拍卖等）取得的土地承包经营权。若荒地的土地承包经营权在取得方式上存在问题，则法院很可能以此为由拒绝认定抵押权的法律效果。

### （七）对最高额抵押的调查

对于一定期间内将要连续发生的债务，抵押人可与商业银行协商后采用最高额抵押。

1. 最高债权额的确定较为合理。

2. 抵押期间和决算期（确定最高额抵押所担保的债权实际数额的时间）的确定较为合理。

3. 实际发生的债权余额应在最高债权额限度内并留有余地。

## 五、贷款抵押率的确定

抵押率计算公式为：

$$抵押率 = 担保债权本息总额 \div 抵押物评估价值额 \times 100\%$$

在实践中，商业银行可参照以下标准来确定抵押率：

1. 在评估无地上定着物的土地使用权现值时，计算依据为抵押人为取得土地使用权而实际支付的金额，抵押率≤70%。

2. 在评估将依法获得的房屋所有权及占用范围内的土地使用权共同抵押的现值时，计算依据为：若为划拨性质的土地使用权，则现值参考评估价格扣除应补交的土地出让金及其他税费后的价值，抵押率≤50%；若为出让性质的土地使用权，则现值参考房地产的市场价格或抵押人实际投入资金扣除折旧后的价格，抵押率≤70%。

3. 在评估将集体所有土地上的房产及占用范围内的土地使用权共同抵押的现值时，以评估价格中的建筑成本（重置价格）为计算依据，抵押率≤50%；将城区或主要镇区内的个人住房抵押的现值，以评估价格为计算依据，抵押率≤50%；将个人商用房或非城区、非主要镇区的个人住房抵押的现值，以评估价格为计算依据，抵押率≤60%。

4. 在评估将在建工程抵押的现值时，以抵押人为取得土地使用权而实际支付的金额及已经投入在建工程的价值为计算依据，抵押率≤50%。

5. 在评估将通用机器设备抵押的现值时，以设备的净值或评估价格为计算依据，抵押率≤30%。

6. 在评估将船舶、汽车、民用航空器等运输设备抵押的现值时，以评估价格为计算依据，一手消费类设备的抵押率≤60%，一手营运类和二手消费类设备的抵押率≤50%，二手营运类设备的抵押率≤40%。

7. 在评估将经济林、用材林、薪炭林与林地使用权共同抵押的现值时，以评估价格为计算依据，抵押率≤70%。

8. 通常，抵押率≤70%。

## 六、撰写抵押方式担保评价报告

**【例5－8】　抵押方式担保评价报告**

抵押方式担保评价报告

金额单位：人民币为万元，外汇为万美元

| 抵押方式担保 | | | |
|---|---|---|---|
| 抵押人 | | 抵押人代码 | |
| 抵押物种类 | □房产<br>□土地使用权<br>□机器设备<br>□交通工具<br>□其他 | | |
| 存放地点 | | 抵押期限 | 年　月　日起<br>至　年　月　日止 |
| 产权证号 | | 抵押物是否经过评估 | □是　□否 |
| 评估机构名称 | | 评估时间 | 年　月　日 |
| 抵押物价值 | | 折扣率 | % |
| 抵押金额 | | 评估机构有无评估资格 | □有　□无 |
| 评估资料是否齐全 | □是　□否 | 是否同意办理抵押登记手续 | □是　□否 |

| | | | |
|---|---|---|---|
| 抵押手续是否合法 | □是　　□否 | 是否重复抵押 | □是　　□否 |
| 抵押物变现可能性 | □大　　□小<br>□不能 | 预计抵押物变现损失程度 | □大　　□小 |
| 是否同意办理保险 | □是　　□否 | 保险第一受益人是否为我行 | □是　　□否 |

对经评估具备条件的抵押人，商业银行信贷人员撰写抵押方式担保评价报告，并将之随信贷审查材料一并上传至处理中心，做审查审批的参考。若抵押人不符合条件，商业银行信贷人员则将资料退还抵押人，并向其说明情况。

# 第五节　质押担保管理

## 一、质押担保的基本概述

### (一)质押担保的特征

1. 质押必须转移质物为债权人占有。
2. 质物为动产和权利。
3. 出质人必须对质物享有处分权。
4. 质权人有权就质物的价值优先受偿。

### (二)质押与抵押的区别

**表5-3　质押与抵押的区别**

| 不同点 | 抵押 | 质押 |
|---|---|---|
| 标的物 | 动产或不动产 | 动产或财产权利 |
| 对标的物的占有权 | 不转移 | 转移 |
| 对标的物的保管义务 | 抵押权人没有义务 | 质权人有义务 |

续表

| 不同点 | 抵押 | 质押 |
|---|---|---|
| 重复设置担保 | 可以 | 不可以 |
| 受偿顺序 | 有 | 无 |
| 对标的物孳息的收取权 | 抵押人收取 | 质权人收取 |
| 权利的实现 | 向法院申请拍卖 | 直接变卖 |

### (三)混合担保的关系处理

对于同一债务,既有物保又有人保,学理上称为混合担保。混合担保的关系处理应注意以下几点:

1. 有约定从其约定,即债权人必须按照合同约定来处理混合担保问题。

2. 没有约定或约定不明的,若为债务人自己提供的物的担保,则物保应优先执行;若为第三人提供的物的担保,则债权人可以选择优先受偿物保或人保。

## 二、质物的范围

### (一)商业银行对质物的选择

1. 出质人所有的、依法有权处分并可移交质权人占有的动产。
2. 汇票、支票、本票。
3. 债券、存款单。
4. 仓单、提单。
5. 依法可以转让的基金份额、股权。
6. 依法可以转让的注册商标专用权、专利权、著作权等知识产权中的财产权。
7. 依法可以质押的其他权利,如合同债权、不动产受益权和租赁权、应收账款、项目特许经营权、侵权损害赔偿金、保险赔偿金的受益转让权等。

### (二)商业银行不得接受的质物

1. 所有权、使用权不明或有争议的财产。
2. 国家机关的财产。
3. 公益事业单位和社会团体的教育设施、医疗卫生设施和其他设施。

4. 依法被查封、扣押、监管的财产。
5. 租用的财产。
6. 法律法规禁止流通的财产或不可转让的财产。
7. 依法不得质押的其他财产和权利。

## 三、调查质押担保材料

### (一)质押担保意向书

参照抵押担保意向书部分内容。

### (二)质物的证明材料

1. 质物清单与产权证明文件。
2. 出质人资格证明材料。
3. 由有权机关做出的同意质押的文件、决议或其他具有同等法律效力的材料,如股东会决议、董事会决议、授权委托书等。
4. 财产共有人出具的同意质押的书面文件。
5. 商业银行要求提交的其他材料。

### (三)出质人资格证明材料

参照保证人需提交的资料中的其他材料的内容。

## 四、质物资格调查

### (一)对债权类质物的调查

债权类质物主要包括汇票、本票、支票、债券、仓单、提单等,主要审查以下几个方面:

**1. 票据的有效性**

票据无效的情况有:①未记载或欠缺绝对法定应记载事项;②票据金额的大小写未同时记载或大小写不一致;③收款人名称、出票日期、票据金额更改;④出票人在票据上的签章不符合规定;⑤使用非按中国人民银行统一规定印制的票据;⑥超过票据权利时效。

**2. 出质人的票据权利**



出质人不享有票据权利的情况有:①以欺诈、胁迫、偷盗等手段取得票据,或者明知有前述情况却出于恶意而取得票据；②因重大过失而取得不符合法律规定的票据。

**3. 权利凭证背书的重要性**

若质物为债券、汇票、支票、本票，则出质人应在票据上进行背书，并记载“质押”字样；若质物为仓单、提单，则出质人应进行质押背书并通知货物保管人或承运人，以便商业银行能够顺利交收货物，防止出质人通过类似挂失的方式提走货物；若票据上已经记载“不得转让”字样，则这类票据不得进行质押。

**4. 质押权利的实现期限**

若债权类质物的兑现日或提货日先于债务履行期，则商业银行可以在债务履行期届满前进行兑现或者提货，并可依照双方约定将兑现的价款或提取的货物用于提前清偿；若债权类质物的兑现日或提货日晚于债务履行期，则商业银行只能在兑现日或者提货日期届满时行使权力。

### （二）对存款单质押的调查

**1. 出质人身份的调查**

以借款人的存款单作为质物的，商业银行应严格核对存款单所有人姓名与借款人身份证件上的姓名是否一致。以第三人的存款单作为质物的，商业银行应严格核对借款人与存款单所有人的身份证件、授权委托书及其他资料，确保借款人对存款单享有处分权。

**2. 存款单必须进行核押**

核押是签发存款单的金融机构对所拟质押存款单真实性的再确认行为。《最高人民法院关于审理存单纠纷案件的若干规定》有如下陈述：“以金融机构核押的存单出质的，即便存单系伪造、变造、虚开，质押合同均为有效，金融机构应当依法向质权人兑付存单所记载的款项”；“接受虚假存单质押的当事人如以该存单质押为由起诉金融机构，要求兑付存款优先受偿的，人民法院应当判决驳回其诉讼请求，并告知其可另案起诉出质人”；“明知存单虚假而接受存单质押的，开具存单的金融机构不承担民事赔偿责任”。由此可见，存款单核押实质上是存款行对存款单真实性和变现性所提供的一种担保。

**3. 单位定期存款开户证实书不能作为质物**

单位定期存款开户证实书作为单位与金融机构定期存款关系的一种书面证明，具有存款合同的性质，它是存款单位对该笔存款享有权利的权利凭证，存款单位在支取定期存款时需出具单位定期存款开户证实书。但是单位定期存款开户证实书不能作为质物。

**4. 出质人交付存款单**

存单质押合同以存款单交付为生效要件。如果存款单到期日早于贷款到期日，那么商业银行信贷客户经理应自己持存款单支取现金，而不得将存款单交予出质人，否则会丧失对存款单的占有，也就无法享有质权。

### (三)对股权质押的调查

**1. 是否符合股权转让的法定条件**

**(1)股份有限公司的股票质押**

《中华人民共和国公司法》(以下简称《公司法》)规定，在一些情况下，股份有限公司的股票不得用于质押担保：①自公司成立之日起3年内，发起人持有的本公司的股份；②在任职期间内，公司董事、监事、经理所持有的本公司的股份；③股东大会召开前30日内或者决定分配股利的基准日前5日内的记名股票；④公司自己发行的股票；⑤未经有关部门批准出质的国有股。

**(2)有限责任公司的股份质押**

《公司法》规定：①若质权人为公司的其他股东，则以公司的股份设质无须经过他人同意。②若以公司股份向公司股东以外的人设质转让，则必须经全体股东过半数的书面同意；若股东自接到书面通知之日起满30日未答复的，则视其同意转让；若过半数的股东不同意，却又不购买欲转让的股权，则视其同意转让。

**2. 质权的生效要件**

若质物为已在证券登记结算机构登记的股权，则质权设立时间应为证券登记结算机构办理出质登记的时间；若质物为其他股权，则质权设立时间为工商行政管理部门办理出质登记的时间。

### (四)对知识产权质押的调查

**1. 专利权中的财产权质押**

(1)出质人必须是合法的专利权人，如果此项专利有两个及以上的共同专利权人，那么出质人须为全体专利权人。

(2)须以专利权尚未进入公有领域为质押设定的要件。

(3)设质的专利权必须合法有效,下列专利权不得质押:①被宣告无效的专利权;②被撤销的专利权;③已终止的专利权;④存在权属纠纷的专利权。

(4)设质的专利权须遵守《专利权质押合同登记管理暂行办法》,由国家知识产权局对质押合同办理出质登记,质押合同自登记之日起生效。

**2. 著作权中的财产权质押**

(1)出质人必须是合法的、不存在任何权属争议的著作权所有人,如果该著作权有两个及以上的共同所有人,那么出质人须为全体著作权人。

(2)个人不得用职务作品的著作权中的财产权出质。

(3)著作权的有效期限。我国法律对公民著作权中的财产权的保护期为作者终生及其死后50年;对法人或其他经济组织的作品、著作权(署名权除外)中的财产权的保护期为50年;因此,在审查时,商业银行应注意设质的著作权的剩余有效期限必须长于贷款期限。

(4)若为国家版权局指定的专门机构对质押合同办理的出质登记,则质押合同生效日为"著作权质押合同登记证"颁发之日。

**3. 商标专用权质押**

(1)出质人必须是合法的商标专用权所有人。

(2)设质的商标必须权属明晰,不存在任何争议,通常应为驰名商标。

(3)《中华人民共和国商标法》(以下简称《商标法》)第39条规定:"注册商标的有效期为十年,自核准注册之日起计算。"在审查时,商业银行应格外注意用于设质的商标专用权的剩余有效期限是否长于贷款期限。

(4)《商标法》规定:若已经注册的商标违反商标法的有关规定,商标局可以将之撤销。商业银行须在质押合同中明确约定质押期间商标权被依法撤销时的救济措施。

(5)凡经国家工商行政管理总局商标局办理出质登记的质押合同,其自登记之日起生效。

### (五)对不动产收益(费)权质押的调查

通常,可用于质押的不动产收益(费)权包括房屋的租赁权、经营使用权;公路、桥梁、隧道、渡口等的收益权;电费、水费、有线电视收费权等。商业银行应重点审查如下内容:

1. 出质人是否对不动产收益享有处分权。

2. 出质人是否已在贷款行开立了专用存款账户,并已落实监管。

3. 在对公路收费权质押进行评估时,审查该公路项目是否符合国务院交通主管部门有关规模与技术等级的规定。在对出质人取得的有权部门允许收费的文件进行评估时，审查国道收费权质押是否已经国务院交通主管部门批准；其他公路收费权质押是否已经省、自治区、直辖市人民政府批准，并报国务院交通主管部门备案，审查贷款到期日是否迟于公路收费权的期限届满日。

### （六）对仓单质押的调查

1. 出质人可以是借款人本人，也可以是借款人以外的第三人，但不得为仓单保管人。

2. 仓单保管人须是商业银行认可的、具有良好信誉的经济实体。

3. 商业银行、出质人、保管人三方须签订合作协议，明确各自的权利义务，特别要约定保管人的违约赔偿责任。

4. 仓单上的法定必要记载事项是否明确，如存货人的名称及住所，仓储物的品名、数量、质量、件数、损耗、保险，仓储期间、地点、费用等。

5. 设质的仓单须权属明确、无形损耗小、不易变质、便于计量、用途广、市场价格稳定、易变现。

6. 出质人须对仓单做质押背书，由保管人签章后，交付银行。

### （七）对最高额质押的调查

参照对最高额抵押的调查。

## 五、贷款质押率的确定

在实践中，商业银行可参照以下标准来确定质押率：

1. 在评估以特户、封金、保证金等形式特定化后的资金现值时，以确保银行债权本息能够全部收回为原则来确定质押率。

2. 在评估依法可以转让且易于封存、保管的动产现值时，以市场平均成本价为确定依据，质押期限≤1个月的，质押率≤70%；1个月＜质押期限≤3个月的，质押率≤60%；3个月＜质押期限≤6个月的，质押率≤50%；质押期限＞6个月的，质押率≤40%。

3. 在评估存单、银行承兑汇票、寿险保单、国债、债券、理财产品等具有现金价值的债权权利现值时，以确保银行债权本息能够全部收回为原则来确定质押率。

4. 在评估法人股权现值时，质押率≤对应净资产的50%。

5. 在评估提单、仓单等权利财产现值时，确定依据为权利财产现值不得高于其所含货物的市场平均成本价格，并参考货物的保管和变现难易程度。质押期限≤1个月的，以确保银行债权本息能够全部收回为原则来确定质押率；1个月＜质押期限≤3个月的，质押率≤60%；3个月＜质押期限≤6个月的，质押率≤50%；质押期限＞6个月的,质押率≤40%。

6. 在评估收费权、不动产收益权现值时,以信用期间的全部收益权为确定依据。

## 六、撰写质押方式担保评价报告

**【例5-9】 质押方式担保评价报告**

质押方式担保评价报告

金额单位:人民币为万元,外汇为万美元

<table>
<tr><td colspan="4">质押方式担保</td></tr>
<tr><td>出质人</td><td></td><td>出质人代码</td><td></td></tr>
<tr><td>质物种类</td><td>□动产 □权利</td><td>质物名称</td><td></td></tr>
<tr><td>质押期限</td><td>自 年 月 日起<br>至 年 月 日止</td><td>评估机构名称</td><td></td></tr>
<tr><td>质物保管方式</td><td colspan="3">□移交质权人保管 □就地封存 □委托第三人保管</td></tr>
<tr><td>质物是否经过评估</td><td>□是 □否</td><td>评估时间</td><td>年 月 日</td></tr>
<tr><td>评估机构有无评估资格</td><td>□有 □无</td><td>折扣率</td><td>%</td></tr>
<tr><td>质物价值</td><td></td><td>是否同意办理<br>质押登记手续</td><td>□是 □否</td></tr>
<tr><td>质押金额</td><td></td><td>质押手续是否合法</td><td>□是 □否</td></tr>
<tr><td>评估资料是否齐全</td><td>□是 □否</td><td>预计质物变现<br>损失程度</td><td>□大 □小</td></tr>
</table>

| | | | |
|---|---|---|---|
| 是否同意办理保险 | □是　　□否 | 保险第一受益人是否为我行 | □是　　□否 |
| 质物变现可能性 | □大　　□小　　□不能 | | |
| 其他需要说明的情况： | | | |

经评估具备质押条件的，由商业银行信贷人员撰写质押方式担保评价报告，并将之随信贷审查材料一并上传至处理中心，做审查审批的参考。若出质人不符合条件，则商业银行信贷人员将资料退还出质人，并向其说明情况。

【实训】

1. 授信小组上网收集某上市公司或实际存在的非上市公司的相关资料，确定其作为贷款保证人时的最高担保能力。

2. 根据上述材料，假设该公司申请抵押贷款，分析其有哪些财产可以作为抵押标的。

3. 根据上述材料，假设该公司申请质押贷款，分析其有哪些财产或权利可以作为质押标的。

# 第六章　客户信用分析及等级评定管理

☞　**学习目标**

1. 掌握商业银行进行客户信用分析的方法与手段。
2. 理解商业银行进行客户信用等级评定的标准。

☞　**重点难点**

1. 分析客户的财务状况和非财务状况,判断其偿债能力。
2. 借助定性与定量方法,测算客户综合授信额度。
3. 根据调查掌握的资料,为客户评定信用等级。

## 第一节　客户的财务状况分析

### 一、分析客户的营运能力

营运能力是通过反映借款人资产周转速度的一些指标体现出来的表明管理者经营和运用、管理资产的能力。若借款人资产利用率高,则其各项资产的周转速度就会变快,那么资产变现的速度也会随之加快,借款人综合偿债能力也会增强。

#### (一)应收账款周转率

应收账款周转率 = 赊销收入净额 ÷ 应收账款平均余额

赊销收入净额 = 销售收入 − 现销收入 − 销售退回 − 销售折让 − 销售折扣

应收账款平均余额 =(期初应收账款余额 + 期末应收账款余额)÷2

应收账款周转率表明一定时期内应收账款转为现金的平均次数,它反映了企业应收账款变现的速度。应收账款周转次数越多,企业收回赊销账款的能力就越强,管理效率也就越高。通常,企业设置的标准值为3。

（二）应收账款周转天数

应收账款周转天数 = 360 ÷ 应收账款周转率

应收账款周转天数是指企业从产生应收账款到收回款项、变现所需要的时间,又被称为应收账款回收期。周转天数越短,说明企业应收账款的变现速度越快,在同行业内具有较强的竞争力。通常,企业设置的标准值为100。

（三）存货周转率

存货周转率(次) = 销售(营业)成本 ÷ 平均存货余额

平均存货余额 = (期初存货余额 + 期末存货余额) ÷ 2

存货周转率可反映企业存货的周转速度和运营效率,其越高,也就意味着企业存货从资金投入到销售收回的时间越短,同时表明企业营运能力和盈利能力越强。通常,企业设置的标准值为3。

（四）存货周转天数

存货周转天数 = 360 ÷ 存货周转率(次)

存货周转天数反映企业从获得存货起至消耗、销售空所经历的天数。周转天数越少,表明存货变现的速度越快。通常,企业设置的标准值为120。

（五）总资产周转率

总资产周转率 = 营业收入 ÷ 平均资产总额

平均资产总额 = (期初资产总额 + 期末资产总额) ÷ 2

总资产周转率可用于分析企业对全部资产的使用效率,周转率越高,企业的盈利能力越强。通常,企业设置的标准值为0.8。

(六)流动资产周转率

流动资产周转率 = 主营业务收入净额 ÷ 平均流动资产总额

平均流动资产总额 = (期初流动资产 + 期末流动资产) ÷ 2

流动资产周转率能够反映企业对流动资产的使用效率。周转率越高,企业流动资产的周转次数越多,表明企业投入相同的流动资产可获得更多的主营业务收入,企业的偿债能力和盈利能力大大提高。通常,企业设置的标准值为1。

(七)固定资产周转率

固定资产周转率 = 销售收入 ÷ 平均固定资产净值

平均固定资产净值 = (期初固定资产 + 期末固定资产) ÷ 2

固定资产周转率越高,表明企业对厂房、设备等固定资产的使用效率越高。

## 二、分析客户的盈利能力

(一)销售毛利率

销售毛利率 = (销售毛利额 ÷ 主营业务收入) × 100%

销售毛利额 = 主营业务收入 - 主营业务成本

销售毛利额是指企业主营业务收入与主营业务成本之差。销售毛利率表明在扣除主营业务成本后的每一元主营业务收入中,有多少资金可用于各项期间费用支出或形成盈利。销售毛利率是销售净利润率的根基,若没有足够大的毛利率何谈盈利。一般认为该指标的参考标准值为0.15。

(二)销售净利润率

销售净利润率 =(净利润 ÷ 主营业务收入)×100%

净利润 = 利润总额 - 所得税

利润总额 = 营业利润 + 投资收益 + 营业外收支净额 + 补贴收入

销售净利润率体现了销售收入的收益水平,反映企业每一元收入所创造的净利润。销售净利润率衡量的是企业一整套业务环节(包括经营活动、投资活动和融资活动)的盈利能力。一般认为该指标的参考标准值为0.1。

(三)总资产报酬率

总资产报酬率 =(利润总额 ÷ 总资产平均余额)×100%

总资产平均余额 =(期初总资产余额 + 期末总资产余额)÷2

总资产报酬率考察企业一定期间的利润总额占总资产的比例,能够充分表明企业资产的综合利用效果,是衡量企业总资产获利能力的重要指标。该指标值一般没有给定的参考值,要依据具体情况而定。

(四)净资产收益率

净资产收益率 =(净利润 ÷ 净资产平均余额)×100%

该指标立足于从投资者的角度来考虑其盈利能力。一般认为该指标的参考标准值为0.08,应结合“应收账款”“其他应收款”“待摊费用”进行分析。

## 三、分析客户的偿债能力

### (一)分析客户短期偿债能力

**1. 营运资金**

营运资金 = 流动资产 - 流动负债

营运资金金额越大,表明企业短期支付能力越强。若营运资金为负数,则表明企业随时会面临资金周转不灵的困境。由于企业所处的行业不同,其营运资金的规模也会千差万别,因此我们不应用统一的标准来衡量不同企业之间的营运资金规模。通常,企业的营运资金为1—3个月的营业额较为适宜。

**2. 流动比率**

流动比率 = 流动资产 ÷ 流动负债

流动比率表明企业有多少元的流动资产可以作为偿还流动负债的保证。它是衡量企业短期偿债能力的一个最基本、最常用的指标。通常,流动比率越高,说明企业不仅拥有较高的可用于抵偿短期债务的营运资金,而且还持有较大数额的可用于变现的资产,企业短期偿债能力强,债权人遭受损失的风险小。流动比率不宜过高,否则会影响企业的资产使用效率和盈利能力。部分行业流动比率的参考值见表6-1。

**表6-1 部分行业流动比率的参考值**

| 行业 | 汽车 | 房地产 | 制药 | 建材 | 化工 | 家电 | 啤酒 | 计算机 | 电子 | 商业 | 机械 | 玻璃 | 食品 | 饭店 |
|---|---|---|---|---|---|---|---|---|---|---|---|---|---|---|
| 流动比率 | 1.1 | 1.2 | 1.3 | 1.25 | 1.2 | 1.5 | 1.75 | 2 | 1.45 | 1.65 | 1.8 | 1.3 | >2 | >2 |

**3. 速动比率**

速动比率 = 速动资产 ÷ 流动负债

速动资产 = 流动资产 − 存货 − 预付账款 − 待摊费用

速动比率表明企业每一元的流动负债有多少元速动资产可以作为偿债的保证。由于存货的变现速度慢、贬值、不适销或报废损失或已作抵押而无法变现，所以将其从流动资产中扣除后，速动比率更能准确、真实、可靠地评价企业的资产流动性和短期偿债能力。再将与当期现金流量无关的预付账款和待摊费用扣除后，速动资产只包括货币资金、短期有价证券和应收账款，由此计算出来的是超速动比率。通常，速动比率为1最为合适，但这个标准并不是绝对的。在实际工作中，应视企业的行业性质及具体情况而定，不能一概而论（见表6－2）。

**表6－2　部分行业速动比率的参考值**

| 行业 | 汽车 | 房地产 | 制药 | 建材 | 化工 | 家电 | 啤酒 | 计算机 | 电子 | 商业 | 机械 | 玻璃 | 食品 | 饭店 |
|---|---|---|---|---|---|---|---|---|---|---|---|---|---|---|
| 速动比率 | 0. 85 | 0. 65 | 0.9 | 0.9 | 0.9 | 0.9 | 0.9 | 1.25 | 0.95 | 0.45 | 0.9 | 0.45 | >1.5 | >2 |

**4. 现金比率**

现金比率 =（货币资金 + 短期投资净额）÷ 流动负债

由于货币资金与短期投资净额可以随时变现，所以现金比率最能直接反映企业偿还流动负债的能力。对于商业银行而言，现金比率当然是越高越好，但对于企业而言却并非如此，过高的现金比率会导致企业丧失很多盈利机会。在美国，现金比率只要不低于0.2即可。因此，保持合理的现金比率对企业而言尤为重要。在分析时，应将现金比率、流动比率、速动比率和营运资金这四个指标结合起来，以期得到评判企业短期偿债能力的最佳结果。

## （二）分析客户长期偿债能力

**1. 资产负债率**

$$资产负债率 = 负债总额 \div 资产总额 \times 100\%$$

资产负债率反映债权人出资占企业总资产的比重，充分体现企业资产对债权人权益的保障程度。通常，资产负债率在0.4—0.6之间较为合理，0.7是警戒线。

**2. 产权比率**

$$产权比率 = 负债总额 \div 所有者权益总额 \times 100\%$$

产权比率反映企业债权人资本与股东资本的比例关系，体现出所有者权益对债权人权益的保障程度。通常，产权比率的参考标准值为1.2。该比率越低，企业的长期偿债能力越强，但该比率也不必过低，以免影响所有者权益财务杠杆作用的发挥。

**3. 有形净值债务率**

$$有形净值债务率 = [负债总额 \div (所有者权益总额 - 无形资产净值)] \times 100\%$$

该比率审慎考虑了企业清算时的情况，将专利权、非专利技术、商标权、特许权等无形资产视作不能偿债的资产，更加合理地衡量企业清算时所有者权益对债权人资本的保障程度。通常，有形净值债务率能维持在100%左右是较为理想的水平，但我国企业的这一比率却多介于150%—200%之间。

**4. 利息保障率**

$$利息保障率 = 息税前利润 \div 利息费用$$

利息保障率是用以衡量企业偿还借款利息能力的指标，该比率越高，企业支付利息费用的能力越强。利息保障率的大小由企业依据历史经验并结合行业特点来判断。如果利息保障率低于1，那么就意味着借款人无法偿付利息，更别说还本了。通常，利息保障率的参考标准值为2.5。

## 四、分析客户的现金流量

### (一)客户资产流动性分析

企业资产的流动性是指在价值无折损的情况下企业资产的变现能力和偿债能力。商业银行可以通过分析现金流量表来衡量企业的偿债能力。

**1. 现金流动负债比率**

现金流动负债比率 = 年经营现金净流量 ÷ 年末流动负债 ×100%

现金流动负债比率反映企业经营活动产生的现金用于偿还短期债务的能力。现金流动负债比率越大,表明企业短期偿债能力越强。通常,企业设置的标准值为0.5。

**2. 债务保障比率**

债务保障比率 = 经营活动现金净流量 ÷ 负债总额 ×100%

债务保障比率是以每年经营活动所产生的现金净流量来衡量企业偿还全部债务的能力。债务保障比率越大,偿债能力越强,债权人的权益越能得到保障。通常,企业设置的标准值为0.25。

**3. 现金到期债务比率**

现金到期债务比率 = 经营活动现金净流量 ÷ 本期到期的债务 ×100%

本期到期的债务 = 本期到期的长期负债 + 本期应付票据

现金到期债务比率是以经营活动所产生的现金净流量来衡量企业偿还到期债务的能力。现金到期债务比率越大,表明资金流动性越高,企业偿还到期债务的能力就越强。通常,企业设置的标准值为1.5。若现金到期债务比率小于1,则表明企业经营活动所产生的现金已不足以支付到期的债务,需要对外筹资或出售资产来抵补。

**4. 现金利息保障倍数**

现金利息保障倍数 =（经营活动现金净流量 + 现金利息支出 + 所得税付现）÷ 现金利息支出

现金利息保障倍数反映了企业在一定时期进行经营活动所获得的现金是现金利息支出的多少倍，更明确地表明了企业实际偿还债务的能力。

（二）客户获得现金能力分析

**1. 销售现金比率**

销售现金比率 =（经营活动现金净流量 ÷ 销售收入）×100%

销售现金比率反映企业通过每一元的销售收入得到多少元的现金净流入量，销售现金比率越大越好。通常，企业设置的标准值为 0.2。

**2. 每股经营现金净流量**

每股经营现金净流量 = 经营活动现金净流量 ÷ 普通股股数

每股经营现金净流量反映了每股发行在外的普通股占有的现金流量，体现出企业最大的派息能力。若每股经营现金净流量为正值且数额较大，则企业派发现金红利的期望值较大。

**3. 全部资产现金回收率**

全部资产现金回收率 = 经营活动现金净流量 ÷ 全部资产 ×100%

全部资产现金回收率旨在考评企业运用全部资产获取现金的能力，全部资产现金回收率越大越好。通常，企业设置的标准值为 0.06。

## 第二节　客户的非财务信用分析

对于商业银行而言，客户的财务状况固然决定了其偿债能力，但是很多非财务状况也同样会对贷款偿还产生各种各样的影响，甚至会影响到最终的还款。因此，商业银行不仅要认真进行定量的财务因素分析，还要全面、定性地分析诸多非财务因素，以便能够全面、动态地掌握影响贷款归还的风险因素。

### 一、客户行业风险分析

不同行业的企业会面临不同的风险，但处在同一行业的企业面临的风险基本一致。在掌握某一行业的特点、风险种类的基础上，商业银行即可根据行业的发展现状和趋势来判断企业偿债能力的强弱。行业风险分析主要考察以下几个方面的因素。

#### （一）成本结构

企业的产品成本由两部分构成：固定成本和变动成本。固定成本占总成本比重较高的行业被称为高经营杠杆行业。这类行业的生产成本会随生产规模的扩大而明显降低，也就是说，产销量越大，企业盈利越多，如钢铁业、航空业等。相反，低经营杠杆行业生产规模的扩大对其成本及盈利水平的影响并不显著，如批发业、服装加工业等。因此，高经营杠杆行业对中长期贷款有大量需求，而低经营杠杆行业更青睐短期贷款。通常，企业所处行业的经营杠杆越高，其面临的风险也就越大。分析成本结构十分有助于研判行业风险。

#### （二）生命周期

行业的生命周期包括幼稚期、成长期、成熟期、衰退期四个发展阶段。处于幼稚期的行业，创业成本高，企业淘汰率高，商业银行通常不会考虑向其发放贷款；处于成长期的行业增长率高，但缺少稳定的还款来源，贷款风险相对较高；处于成熟期的行业增长率有所下降，技术较为成熟，行业标准已经形成，还款来源比较可控，贷款风险一般会小于成长期的行业；处于衰退期的行业，销售额急剧下降，面临生存问题，贷款风险较大。了解客户所在行业的生命周期将有助于商业银行研判行业风险。

#### （三）行业周期

周期性行业的经营会随着经济的繁荣而繁荣、衰退而衰退，在一定程度上反映了经济的变化趋势，如房地产业、船舶制造业、奢侈品业等。反周期性行业则不受经济大环境的影响，在经济萧条时期反而会比繁荣时期更盈利，如维修业。非周期性行业不受宏观经济环境的影响,如食品业、教育业等。根据以往的表现,结合客户目前所处的行业周期将有助于商业银行研判贷款风险。

### (四)盈利水平

利润是企业长期生存、持续经营的基础。如果一个行业中的大部分企业都不盈利,那么这个行业能否继续存在就相当值得怀疑。在分析盈利水平时,要考虑到一些因竞争激烈而大量采用赊销的行业,它们往往是因应收账款迟迟不能收回而导致企业在盈利的情况下却表现为现金流量不足。当然,盈利水平与行业周期密不可分,一个从扩张期到衰退期都不盈利的行业,其贷款风险无疑是较高的。

### (五)对其他行业的依赖性

如果客户所在的行业对其他行业的依赖性较大,那么它受这些行业的影响也就会很大,尤其是那些互为供给方的行业。以房地产业为例,若其呈现萧条的迹象,那么建筑业、建材行业、家电业、金融业等也可能会出现萧条。通常,客户所在行业的供应链或客户群越多元化,其依赖性就越小,贷款潜在的风险也会小很多。

### (六)产品的替代性

行业的产品能否被替代,与替代品的数量和转换成本(价格)有密切关系。若替代品价格大大低于客户所在行业的产品,且数量充足,那么消费者很可能会转向购买替代品,对此行业造成较大的冲击,潜在贷款风险较大。

### (七)法律、经济、技术环境

法律的改变可能会推动某些行业的发展,也可能给某些行业带来负面影响或生存危机。如小型造纸厂、化工厂、水泥厂等存在不经过处理就任意排放有毒有害气体和废物的情况,而这是被我国环境保护法所明令禁止的,对其发放贷款存在较高的风险。同时,国际、国内、区域的宏观经济环境都会对客户所在的行业产生影响。中美贸易战直接影响我国的进出口企业。而技术的变革对行业产品的生产和制造会带来明显的影响,如互联网技术的发展使得 DVD 产品消失得无影无踪,企业不得不转产。

## 二、客户经营风险分析

在了解行业风险的基础上,商业银行还应针对每个客户审慎分析其独特的经营特点及可能面临的风险。在很大程度上,经营风险会影响甚至决定着客户的最终清偿能力。

### (一)经营特点

客户的总体经营特点可以从其经营规模、产品、经营战略、核心竞争力四个方面来考察,这是分析客户经营风险大小的第一步。①经营规模。通常,经营规模越大,客户在本行业所占的市场份额就越大,企业的经营状况也就越稳定;反之,经营规模越小,市场份额越小,越容易被竞争对手挤出行业,经营风险加大。但有些小企业如果管理完善,那么其盈利水平并不低。分析时,也要注意企业所处的发展阶段。②产品。企业产品的市场竞争力主要取决于产品自身的性能价格比,技术性能先进、质量过硬、价格合理的产品会获得市场和购买者的广泛认可,容易在竞争中打败对手,占有市场并盈利。此外,产品多样化可以分散企业的经营风险,如果产品单一、用途少,那么其购买者就比较单一,企业面临的经营风险较大。③经营战略。在明确经营目标的基础上,企业会采用一套战略战术来实现目标计划,而商业银行就要结合财务数据、再融资能力、管理人员素质等因素来综合判断企业经营战略的可行性。④核心竞争力。核心竞争力是企业的技术、产品、人力、管理、文化等核心资源,这些资源为其树立了市场优势。在分析企业核心竞争力时,可从产品价值、独特性、延伸性这三个方面来综合判断。

### (二)市场环境

客户所处的市场环境是评估其经营风险的一个重要因素。显而易见,较之一些小企业,行业龙头企业或对市场有较大影响力的企业具有更强的抗风险能力。市场环境包括:市场竞争的激烈程度、企业的市场占有率、企业对市场需求和价格的掌控能力、企业巩固目标客户群和发展潜在客户的能力以及客户的分散程度等。

### (三)采购环节

采购环节分析的重点是原材料价格、购货渠道和购买量这三个方面。①原材料价格风险。如果客户对原材料价格有话语权,那么其就能很好地控制生产成本,实现盈利;反之,客户有可能会面临因原材料涨价而降低利润的风险。②购货渠道风险。客户极易因原材料供应渠道单一、不固定而受到突发事件的影响,导致经营中断,降低偿债能力。③购买量风险。原材料的购买量不宜过多,过多会增加成本,也不宜过少,过少会降低产量,企业应根据存货管理计划和生产规模合理确定购买量。

### (四)生产环节

生产环节分析的重点是生产的连续性、技术的先进性和产品质量的管理。赢得顾客信赖、留住长期顾客的关键是企业能够按时将产品送达,这就要求企业保证生产的连续性,尤其是制造工艺繁杂的产品时,更应做到连续生产、送货。此外,随着技术的更新,企业生产效率和产品性能不断提高,物美价廉的产品总会得到顾客的青睐。因此,企业对生产技术的更新要具备敏感性,坚持采用先进的技术。最后,产品质量管理是企业长期生存发展的基石,不容小觑。是否建立了符合自身发展特点的质量管理标准和体系，是考察企业产品质量管理水平高低的重要依据。

### （五）销售环节

销售环节是企业盈利的关键环节，也是企业归还商业银行贷款的主要还款来源。销售环节应主要分析企业产品的销售范围、营销能力、销售的灵活性和销售款的回笼等。从销售范围来看，应重点分析企业是否存在销售环节过多、顾客群过于集中、产品售后服务不到位等情况，以避免造成产品积压、报废。从营销能力来看，应集中分析企业能否有效控制营销网络，以保证无论是哪种渠道销售出去的产品，在质量和服务方面都无任何差异。销售的灵活性主要分析在产品销售过程中，如果包装、运输、装卸、保险、出售等任一环节出现了问题，企业是否有灵活的应对措施；企业是否能根据市场需求的变化及竞争对手策略的变化做出迅速、有效的反应。销售款回笼快，则资金充裕；销售款回笼慢，则资金紧张。

## 三、客户管理风险分析

多个案例证明，90%的企业倒闭都是因为管理不善。评估法人客户的管理水平是一个极其烦琐而复杂的问题，主要从以下几个方面入手。

### （一）组织形式的变化

商业银行在分析企业管理风险时，要关注其组织形式是否有变化，若有则这一变化是否会影响企业的经营活动。如果企业发生增资扩股、减资合并、股权拆分、并购重组、联营、解散等导致其组织形式发生变化，那么有可能会影响其管理架构、现金流量和盈利能力，并最终反映在其还款能力上。有一些企业借“改制”盘活了资产，使老企业扭亏为盈，重新焕发活力；也有一些企业借“改制”来逃避商业银行债务。在评估时，商业银行对那些治理结构或组织形式处于变化时期的企业要格外慎重，避免其借助兼并、重组、租赁、转让、承包等手段恶意逃避商业银行债务。

### （二）管理层的素质

世界上没有几个睡着觉也能赚钱的企业，绝大多数企业的成功都需要非常好的管理层，管理层的素质是制约大多数企业发展的关键因素。管理层的素质包括学识学历、年龄结构、信用记录、品德能力、开拓精神、专业经验、历史业绩、管理风格等方面。一个好的管理层具备处理和控制行业风险、明确经营思想、坚持企业文化、适应市场环境变化、预测和掌控企业发展方向的能力。同时，管理层结构的稳定性也是一个需要考虑的问题。企业重要管理人员的死亡、卸任、更换、犯罪等都会对其正常、持续、稳定经营造成某种程度的影响。

### （三）关联企业的经营管理

如今，企业多采用集团化发展形式，企业与其母、子公司或控股公司等关联企业之间在股权、资产、产品、人员、技术、交易等多方面存在着密切关系。关联企业之间相互渗透、交错、影响，一家子公司的倒闭可能会拖垮整个母公司集团。因此，商业银行要在了解关联程度的基础上，充分关注客户关联企业的经营状况，进而评估其对客户偿债能力的影响。

### （四）其他因素

除以上因素之外，法人治理结构、财务管理能力、员工素质、法律纠纷、偶发重大事项、战争、自然灾害、社会因素等均会对客户的经营管理造成影响，应视具体情况进行分析。

## 四、客户还款意愿分析

在实际放贷过程中，有些企业并非是无钱还贷，而是故意赖账不还。企业的还款意愿主要取决于管理层的道德品质、信用状况和法律意识。在评估客户的还款意愿时，可依据其在本行和他行、债权人处的还款记录综合判断。

# 第三节　客户信用等级的评定

## 一、信用评级的含义

客户信用评级是指由商业银行或其委托的具有资质的专业评估机构采用客观、公正、科学的考核标准和严格规范的评估程序，对客户的基本素质、盈利水平、偿债能力、发展前景等进行定性和定量分析，以国际通用符号标明客户信用等级的一种评价。

## 二、信用评级的对象

（一）已与商业银行建立信贷关系的客户。

（二）向商业银行申请建立信贷关系的客户。

（三）需要商业银行提供资信证明的客户。

## 三、信用评级的目的



信用评级是为了评估受评对象如期履行贷款合同的能力和意愿，而不是评价受评对象本身的价值或经营业绩。因此，信用评级的根本目的是揭示受评对象违约风险的大小。

## 四、信用等级的特征描述

### （一）法人客户信用等级的特征描述

**表 6-3 法人客户信用等级的核心定义**

| 信用等级 | 特征描述 | 核心定义 |
| --- | --- | --- |
| AAA<br>90—100 分 | 最佳 | 行业发展健康；企业是该行业的领先者；现金流量充足；所处地区经济稳定发展；产品种类多、销售地区分散；在较长时期内保持最佳业绩；各级管理人员都有最佳的业绩 |
| AA<br>85—89 分 | 优秀 | 行业发展稳定；连续 3 年以上在本行业排名前三；产品种类较多、销售地区较分散；除非是处于非常不利的经济环境，否则企业能够保持良好的业绩；中高级管理人员保持良好的业绩 |
| A<br>80—84 分 | 良好 | 行业稳定（或有限地）发展；财务状况良好；有可靠的、用以清偿的现金流量；盈利水平高于同行业平均值；中高级管理人员能够保持稳定的业绩；某个品种产品的销售地区相对分散；所处地区经济稳定发展；生产设备的性能和技术水平高于同行业平均值 |
| BBB<br>70—79 分 | 一般 | 行业保持稳定，但无增长；业绩为同行业平均水平；有产品生存的市场空间；现金流量稳定；管理人员的工作不够深入；单个产品占有较大的市场份额；业绩受经济衰退的影响；财务状况仅为同行业平均值；所处地区经济衰退；产品销售额与收入的增长和所处地区的经济发展密切相关 |
| BB<br>65—69 分 | 观察 | 行业发展不稳定或已呈下降趋势；存在资产估值过高的情况；所处地区经济发展前景不明朗；生产设备和技术手段已过时；经营业绩低于同行业平均值；若不及时采取改革措施，企业状况会进一步恶化；存在更换企业管理人员的可能性 |
| B<br>60—64 分 | 预警 | 行业发展极不稳定；尚可用抵押品偿还债务；产品市场份额下降；财务状况已出现恶化，低于同行业平均值；预期营业收入下降；现金流量不足；缺少持续的发展计划；急需债务重组；有经验的管理人员陆续离职 |

续表

| 信用等级 | 特征描述 | 核心定义 |
|---|---|---|
| CCC<br>50—59 分 | 不良 | 产品市场份额大幅度下降;行业或所处地区经济衰退;可能进行债务重组;企业无法用新债还旧债;抵押品贬值、不足以偿还债务;管理层未能推出有效的复苏计划;存在更换企业管理人员的可能性;只有变卖资产才能维持经营;财务状况低于同行业平均值;现金流量不足以清偿债务 |
| CC<br>45—49 分 | 危险 | 行业或所处地区经济恶化;现金流量严重不足,难以维持正常经营;无法筹措借款;财务状况恶化,大大低于同行业平均值;资产已用于抵押还债;企业组织结构和业务需要进行大规模调整;存在破产的可能性;已有贷款本息出现逾期;贷款银行可能会损失部分贷款;经审计的财务报表有保留的审计意见;企业管理人员需要更换 |
| C<br>40—44 分 | 损失 | 行业发生重大不利变化;依靠变卖资产维持经营、接近于破产;现金流量严重不足,难以维持正常业务或偿还债务;已有负债出现逾期偿还;贷款银行可能会损失部分贷款;财务状况严重恶化;抵押品价值不足;经审计的财务报表有保留的审计意见;企业管理无效率 |

## (二)个人消费类贷款客户信用等级的特征描述

表 6－4　个人消费类贷款客户信用等级的核心定义

| 信用等级 | 特征 | 核心定义 |
| --- | --- | --- |
| AAA | 最佳 | 评分在 90 分(含)以上,客户的收入水平很高,偿债意愿很强,社会地位很高,家庭环境非常优越 |
| AA | 优秀 | 评分在 80 分(含)—90 分,客户的收入水平高,偿债意愿强,社会地位高,家庭环境优越 |
| A | 良好 | 评分在 70 分(含)—80 分,客户的收入水平较高,偿债意愿较强,社会地位较高,家庭环境比较优越 |
| 信用等级 | 特征 | 核心定义 |
| BBB | 一般 | 评分在 60 分(含)—70 分,客户的收入水平中等,有偿债意愿,有一定的社会地位,家庭环境良好 |
| BB | 观察 | 评分在 50 分(含)—60 分,客户的收入水平一般,有一定偿债意愿,社会地位一般,家庭环境较差 |
| B | 预警 | 评分在 40 分(含)—50 分,客户的收入水平较低,偿债意愿不强,社会地位较低,家庭环境较差 |
| CCC | 不良 | 评分在 40 分以下,客户的收入水平很低,偿债意愿很差,社会地位很低,家庭环境很差 |

## (三)个人经营性贷款客户信用等级的特征描述

**表6-5 个人经营性贷款客户信用等级的核心定义**

| 信用等级 | 特征 | 核心定义 |
|---|---|---|
| AAA | 最佳 | 评分在90分(含)以上,各项指标优秀,个人综合素质高,生产经营稳定,经营收入高,资信状况好,还款能力强 |
| AA | 优秀 | 评分在80分(含)—90分,各项指标良好,个人综合素质较高,生产经营比较稳定,经营收入较高,资信状况较好,还款能力较强 |
| A | 良好 | 评分在70分(含)—80分,各项指标一般,个人综合素质一般,生产经营比较稳定,经营收入一般,资信状况一般,还款能力一般 |
| BBB | 一般 | 评分在70分以下,经营情况差,还款能力弱,个人与银行合作意愿及个人资信状况较差 |

# 五、信用评分指标体系

## (一)法人客户信用评分指标体系

表6-6　工业企业信用评分指标体系

| 指标名称 | | | 计算公式及考核内容 | 参照值 | 极限值 | 满分值 |
|---|---|---|---|---|---|---|
| 企业基本素质(10) | 领导素质 | 文化水平 | 法定代表人,正、副厂长(经理),三总师大专以上学历或中级以上职称的占比 | ≥65% | ≥25% | 2 |
| | | 领导能力 | 企业主要领导的学识水平、从业经历(岗位年限)、信用意识、奖惩情况等 | 优1,好0.8,较好0.6,一般0.4 | | 1 |
| | 管理素质 | 经营管理 | 经营管理的现代化程度、经营总体目标与实施措施、制度建设与落实等 | 优2,好1.6,较好1.2,一般0.8 | | 2 |
| | | 财产投保率 | 财产已投保金额/财产应投保金额×100% | ≥100% | ≥60% | 1 |
| | 技术素质 | 中高级技术人员占比 | 中高级技术人员/员工人数×100% | ≥10% | ≥1% | 2 |
| | | 工艺技术水平或名牌产品 | 全国先进水平、省内先进水平、行业平均水平、一般水平 | 全国2,省内1.6,行业1.2,一般0.8 | | 2 |
| 企业经济实力(7) | 净资产 | | 资产总额-负债总额 | ≥2000万元 | ≥100万元 | 5 |
| | 资本固定化比例 | | (资产总额-流动资产)/所有者权益×100% | ≤80% | ≤150% | 2 |

续表

| 指标名称 | | | 计算公式及考核内容 | 参照值 | 极限值 | 满分值 |
|---|---|---|---|---|---|---|
| 企业偿债能力及信用(43) | 资产负债率 | | 负债总额/资产总额×100% | ≤55% | ≤85% | 6 |
| | 流动比率 | | 流动资产/流动负债×100% | ≥150% | ≥100% | 4 |
| | 速动比率 | | (流动资产 − 存货)/流动负债×100% | ≥80% | ≥50% | 5 |
| | 利息保障倍数 | | (利润总额+利息支出)/利息支出 | ≥3倍 | ≥1倍 | 5 |
| | 应付账款清付率 | | [1−应付账款年末余额÷(应付账款年初余额+本年应付账款贷方发生额)]×100%(注:应付账款包括应付票据) | ≥85% | ≥50% | 2 |
| | 经营活动现金流量净额与流动负债比例 | | 经营活动产生的现金流量净额/流动负债平均余额×100% | ≥15% | >0% | 6 |
| | 净资产与年末贷款余额比例 | | 净资产/年末贷款余额×100% | ≥100% | ≥40% | 2 |
| | 贷款风险 | 贷款逾期率 | 年末逾期贷款余额/年末贷款余额×100% | 0 | ≤8% | 6 |
| | | 贷款五级分类 | 正常、关注、次级、可疑、损失 | 正常6、关注4、次级1、可疑和损失0 | | |
| | 欠息率 | | [1−(实付贷款利息/应付贷款利息)]×100% | 0 | ≤8% | 4 |
| | 或有负债率 | | 或有负债/所有者权益×100% | ≤55% | ≤100% | 3 |

续表

| 指标名称 | | 计算公式及考核内容 | 参照值 | 极限值 | 满分值 |
|---|---|---|---|---|---|
| 企业经营能力及效益(31) | 应收账款周转次数 | 主营业务收入净额/应收账款平均余额 | ≥5 次 | ≥1 次 | 3 |
| | 存货周转次数 | 主营业务成本/存货平均余额 | ≥4 次 | ≥1 次 | 3 |
| | 总资产周转率 | 主营业务收入净额/总资产平均余额 | ≥0.8 次 | ≥0.3 次 | 4 |
| | 主营收入增长率 | (本年主营业务收入净额－上年主营业务收入净额)/上年主营业务收入净额×100%×规模系数 | ≥10% | ≥1% | 3 |
| | 主营收入现金率 | 主营业务现金收入/主营业务收入净额×100% | ≥80% | ≥60% | 5 |
| | 主营收入利润率 | 利润总额/主营业务收入净额×100% | ≥8% | ≥1% | 4 |
| | 总资产报酬率 | (利润总额＋利息支出)/总资产平均余额×100% | ≥6% | ≥1% | 4 |
| | 净资产收益率 | 税后利润/净资产平均余额×100% | ≥6% | ≥1% | 5 |

续表

| 指标名称 | | | 计算公式及考核内容 | 参照值 | 极限值 | 满分值 |
|---|---|---|---|---|---|---|
| 企业发展前景及预测(9) | 发展趋势 | 三年资本平均积累率 | (本年所有者权益增长额×0.5+上年所有者权益增长额×0.3+前年所有者权益增长额×0.2)/三年前期末所有者权益×100% | ≥3% | ≥0.5% | 2 |
| | | 三年主营收入平均增长率 | (本年主营业务收入净额增长额×0.5+上年主营业务收入净额增长额×0.3+前年主营业务收入净额增长额×0.2)/三年前期末主营业务收入净额×100%×规模系数 | ≥10% | ≥1% | 1 |
| | | 三年利润总额平均增长率 | (本年利润总额增长额×0.5+上年利润总额增长额×0.3+前年利润总额增长额×0.2)/三年前期末利润总额×100%×规模系数 | ≥8% | ≥1% | 1 |
| | 经营活动现金流量净额与净利润比例 | | 经营活动产生的现金流量净额/净利润×100% | ≥100% | ≥50% | 1 |
| | 行业政策 | | 按国家及省、市行业政策 | 发展行业1,扶持行业0.8,维持行业0.5 | | 1 |
| | 市场竞争能力 | | 经营规模、市场竞争能力及在同行业中的地位 | 优1,好0.8,较好0.6,一般0.4 | | 1 |
| | 其他因素 | | 经营环境、发展策略、重大投资项目、外部支持程度等 | 优2,好1.6,较好1.2,一般0.8 | | 2 |

## (二)个人消费类贷款客户信用指标体系

表6－7 个人消费类贷款客户信用指标体系

| 评定指标 | | 记分标准 | 得分 |
|---|---|---|---|
| 借款人资格20分 | 年龄 | 36—49岁 | 3 |
| | | 24—35岁 | 2 |
| | | 18—23岁或50岁—退休年龄 | 1 |
| | 文化程度 | 高等教育(大学本科及以上) | 5 |
| | | 中等教育(大专学历) | 3 |
| | | 初等教育(高中及以下) | 2 |
| | 婚姻状况 | 有配偶 | 2 |
| | | 无配偶 | 0 |
| | 单位性质 | 国家机关、金融保险、邮电通信 | 4 |
| | | 科教文卫、水电气供应、商业贸易 | 3 |
| | | 工业交通、房地产建筑、部队系统 | 2 |
| | | 农林牧渔、社会服务业及其他 | 1 |
| | 职务或职称 | 董事/厅局级及以上 | 4 |
| | | 总经理/初级以上,或高级职称 | 3 |
| | | 部门经理/科级,或中级职称 | 2 |
| | | 职员/科级以下,或初级职称 | 1 |
| | 从业稳定性 | 现工作单位10年(含)以上 | 2 |
| | | 现工作单位5年(含)以上,10年以下 | 2 |

续表

| 评定指标 | | 记分标准 | 得分 |
| --- | --- | --- | --- |
| 偿债能力30分 | 借款人月均收入 | 收入20 000元(含)以上 | 8 |
| | | 收入8 000元(含)—20 000元 | 6 |
| | | 收入3 000元(含)—8 000元 | 4 |
| | | 收入3 000元以下 | 2 |
| | 配偶月均收入 | 收入20 000元(含)以上 | 8 |
| | | 收入8 000元(含)—20 000元 | 6 |
| | | 收入3 000元(含)—8 000元 | 4 |
| | | 收入3 000元以下 | 2 |
| | 家庭净资产 | 10万元以下计1分,超过10万元计2分,每增加20万元再计1分,最高不超过6分 | 6 |
| | 收入还贷比(家庭月均收入/本笔和其他贷款月还款额) | 3以上 | 8 |
| | | 2(含)—3 | 6 |
| | | 1.5(含)—2 | 5 |
| | | 1.2(含)—1.5 | 4 |
| 担保能力25分 | 担保类别 | 质押类担保 | 17 |
| | | 住房抵押担保 | 15 |
| | | 家用轿车等所购汽车 | 10 |
| | | 第三方保证担保 | 8 |
| | | 其他 | 5 |
| | 担保形式 | 提供房产抵押和保证人两种(含)以上担保或提供质押担保 | 8 |
| | | 提供房产抵押和车辆抵押两种(含)以上担保 | 7 |
| | | 有房产抵押担保、车辆抵押担保,或两位保证人担保 | 5 |
| | | 有一位保证人担保或其他 | 3 |

续表

| 评定指标 | | 记分标准 | 得分 |
| --- | --- | --- | --- |
| 存贷款情况25分 | 存款情况 | 按年日均存款每万元计0.3分，最高不超过5分 | 5 |
| | 借款记录 | 贷款已正常归还，再次申请贷款的 | 4 |
| | | 与本行首次发生贷款关系的 | 2 |
| | | 有贷款余额且形态正常的 | 1 |
| | 贷款乘数 | 房产抵押率≤50%或质押率 ＜90%或车辆抵押率≤40% | 7 |
| | | 50% ＜房产抵押率≤60%或40% ＜车辆抵押率≤50% | 6 |
| | | 60% ＜房产抵押率≤70%或50% ＜车辆抵押率≤60% | 4 |
| | | 60% ＜车辆抵押率≤70% | 2 |
| | 贷款期限 | 1年(含)—3年 | 4 |
| | | 1年以下 | 3 |
| | | 3年(含)以上 | 1 |
| | 还款方式 | 按月等额还本付息 | 5 |
| | | 按季等额还本付息 | 3 |
| | | 其他方式 | 1 |

注：①对无固定职业、非本地居民的借款申请人禁止发放贷款(质押贷款除外)。②对收入还贷比小于等于1.2的借款申请人审慎发放贷款(质押贷款除外)

## （三）个人经营性贷款客户信用指标体系

**表 6－8　个人经营性贷款客户信用指标体系**

| | | | | | | | | |
|---|---|---|---|---|---|---|---|---|
| 姓名 | | | 身份证号码 | | | 家庭住址 | | |
| 经营单位名称 | | | | | | 经营地址 | | |
| 评定指标 | | 标准分 | 评定标准 | | | | 指标值 | 初评分 |
| 个人基本情况25分 | 年龄 | 3 | 18—28 岁 | 29—40 岁 | 41—54 岁 | 55 岁以上 | | |
| | | | 1 | 3 | 2 | 1 | | |
| | 婚姻 | 3 | 单身无子女 | 单身有子女 | 结婚无子女 | 结婚有子女 | | |
| | | | 1 | 2 | 2 | 3 | | |
| | 供养人口 | 3 | 无 | 1 人 | 2—4 人 | 4 人以上 | | |
| | | | 2 | 3 | 2 | 1 | | |
| | 经营场所 | 11 | 农村城镇 | 县城 | 地级市以上城市 | | | |
| | | | 1—3 | 7—9 | 8—11 | | | |
| | 有无住所 | 5 | 无固定场所 | 租住房 | 已购商品房 | | | |
| | | | 0 | 3 | 5 | | | |

续表

| | | | | | | | | |
|---|---|---|---|---|---|---|---|---|
| 履约能力40分 | 行业类别 | 6 | 商贸 | 加工制造 | 服务业 | 其他 | | |
| | | | 6 | 4 | 3 | 3 | | |
| | 经营年限 | 6 | 10年(含)以上 | 5—9年 | 1—4年 | 1年以内 | | |
| | | | 6 | 4 | 3 | 1 | | |
| | 年销售收入 | 14 | 200万元以上 | 100万—200万元 | 50万—100万元 | 50万元以下 | | |
| | | | 14 | 12 | 8 | 4 | | |
| | 家庭财产 | 11 | 100万元以上 | 50万—100万元 | 30万—50万元 | 30万元以下 | | |
| | | | 11 | 9 | 7 | 3 | | |
| | 保险情况 | 3 | 商品和家庭财产全保 | 只保商品 | 只保家庭财产 | 没有保险 | | |
| | | | 3 | 2 | 1 | 0 | | |
| 资信状况35分 | 业务往来 | 12 | 密切 | 一般 | 极少 | | | |
| | | | 12 | 9 | 3 | | | |
| | 月平均存款 | 11 | 15万元以上 | 8万—15万元 | 2万—8万元 | 2万元以下 | | |
| | | | 11 | 8 | 6 | 2 | | |
| | 信用记录 | 12 | 信用记录良好 | 无不良信用记录 | 有不良信用记录已纠正 | 有不良信用记录 | | |
| | | | 12 | 9 | 6 | -10 | | |
| 其他不利因素 | | -40 | 有逃废债务或信用卡恶意透支行为 | | | | | |
| | | -40 | 品行差，有赌、毒、嫖等不良行为 | | | | | |
| | | -20 | 有社会不良记录，有犯罪前科 | | | | | |
| | | -20 | 与银行合作诚意差 | | | | | |
| 总得分 | | 100 | | | | | | |
| 拟评定信用等级 | | | | | | | | |

## 六、授信额度测算

授信额度主要有两种:综合授信额度和债项授信额度。综合授信额度是结合定性、定量原则来评估客户的综合还款来源,进而核定授信额度的方法。该额度在授信有效期内可周转使用。债项授信额度是依据一定的贷款条件(如收入、最终到期日、还款时间、定价、担保等)评估客户单笔贷款的还款能力,进而核定授信额度的方法。该额度在授信有效期内不能周转使用。

## 七、信用等级的调整

客户的信用等级每年评定一次,通常于每年第一季度完成,有效期为一年。客户的信用等级实行动态管理,若客户财务状况已出现明显改善,则商业银行信贷部可以适当提高其信用等级;反之,则信贷部应酌情降低其信用等级。原则上,年度中间复测信用等级不做升级处理。

**【实训】**

1. 授信小组上网查找蓝田事件始末,分析银行在调查蓝田股份财务状况、非财务状况时存在哪些问题?

2. 授信小组上网搜集某上市非金融公司的基本资料及财务报表,按照教材中列举的分析方法,全面考察该企业的短期偿债能力、长期偿债能力、营运能力和盈利能力。

3. 授信小组根据表6-7个人消费类贷款客户信用指标体系及计分标准,对目标个人客户进行信用等级评定,初步确定其信用等级。

4. 授信小组根据表6-8个人经营性贷款客户信用指标体系及计分标准,对目标个体工商户进行信用等级评定,初步确定其信用等级。

# 第七章　贷款风险及不良贷款管理

☞　**学习目标**

1. 掌握个人贷款及公司贷款风险分类的认定标准。
2. 了解不良贷款各种处置方法及适用情况。

☞　**重点难点**

1. 通过贷后检查，发现潜在风险，并提出化解措施。
2. 选择合适的方法，处置不良贷款。

## 第一节　贷款风险预警

客户风险预警是指通过贷后检查（包括现场检查和非现场检查）发现贷款风险的早期预警信号，运用定量和定性分析相结合的方法，尽早识别风险的类型、程度、原因及其发展变化趋势，并按规定的权限和程序对问题贷款采取针对性的处理措施。

风险预警是对还未明确出现风险的贷款进行潜在性风险的预测，与已出现风险后的贷款跟踪管理不同，风险预警需要在大量的不确定信息中去发现那些对贷款安全有潜在影响的因素，需要信贷客户经理有高度的责任感、敏锐的洞察力和长期广泛的信息渠道。

### 一、客户品质发生变化的信号。

1. 对商业银行的态度发生变化，缺乏坦诚的合作态度。
2. 客户不愿意提供与信用审核有关的文件。
3. 对短期负债依赖过多，贷款用途多是流动资金用途。
4. 故意隐瞒与某些商业银行的往来关系。
5. 客户不愿意提供过去的所得税纳税单。

6. 客户的竞争者、供货商或其他客户对授信客户产生负面评价。
7. 在多家商业银行开户，或经常转换往来商业银行。
8. 多种还款来源没有落实。
9. 作为被告卷入法律纠纷。
10. 贷款需求的规模和时间变化无常，季节性贷款需求变化无常。
11. 有些债务未在资产负债表上反映或列示。
12. 其他商业银行要求企业提供资料以重新确定贷款限额。

## 二、客户商业银行账户发生变化的信号

1. 客户在商业银行的头寸不断减少。
2. 长期透支用款，且经常超过允许的透支额度。
3. 缺乏财务计划，如总是突然向商业银行提出借款需求。
4. 短期授信和长期授信错配。
5. 企业在商业银行的存款余额下降。
6. 借款人被其他债权人追讨欠款或索取赔偿。
7. 突然出现大额资金向新交易商转移。
8. 贷款需求剧增或异常变动。
9. 经常止付支票及退票。
10. 应付票据展期过多，逾期单未赎回。
11. 未按要求补足抵押品的差额，拖欠税金或租金。
12. 贷款的担保人突然要求解除其担保责任。

## 三、管理人员行为发生变化的信号

1. 董事会或高级管理层发生重大人事变动且影响公司运作，所有权发生变化。
2. 某负责人独断专行，刚愎自用，限制了其他管理者作用与能力发挥。
3. 对市场需求及经济环境的变化反应迟缓，应变能力不强。
4. 公司主要负责人高龄或健康恶化，接班人不明确或接班人能力不足。
5. 无故更换财务主管或财务管理人员。
6. 用人不当，各部门之间不能相互协调等。
7. 与以往合作的伙伴不再进行合作。
8. 转移或变相转移、侵吞企业资产。
9. 管理层能力不足，缺乏长远的经营策略，急功近利。
10. 对商业银行的约见推诿、搪塞。

## 四、业务运营环境发生变化的信号

1. 库存水平的异常变化。
2. 设备维修不善或过时。
3. 主要产品销售出现下降。
4. 缺乏操作、程序、质量控制等。
5. 存货陈旧、过时且堆放杂乱不堪。

## 五、财务状况变化信号

1. 付息或还本拖延，不断申请延期支付或申请实施新的授信或不断透支。
2. 申请实施授信支付其他商业银行的债务，不交割抵押品，授信抵押品情况恶化。
3. 多次延误提供财务报表及有关文件，或财务报表不完整、不连续。
4. 支票受益人要求核实客户支票账户的余额。
5. 存货及应收账款增长超过销售的增长速度。
6. 相对于销售额和销售利润而言，总资产增加过快，流动资产占总资产比例下降。
7. 客户自身的配套资金不到位或不充足。
8. 杠杆率过高，经常用短期债务支付长期债务。
9. 呆账增加或拒做呆账及坏账准备。
10. 其他商业银行提高对同一客户的利率。
11. 客户申请无抵押授信产品或申请特殊还款方式。
12. 经营成本的增长速度远远超过销售的增长速度。
13. 应收账款及应付账款余额、账龄出现异常增加、延长等。

## 六、客户履约能力风险信号

1. 成本和费用失控。
2. 客户现金流出现问题。
3. 主要产品系列、特许权、分销权或者供货来源丧失。
4. 还款记录不正常。
5. 欺诈，如在对方付款后故意不提供相应的产品或服务。
6. 弄虚作假，如伪造或涂改各种批准文件或相关业务凭证。
7. 对传统财务分析的某些趋势，例如市场份额的快速下降未做解释。
8. 客户战略、业务或环境出现重大变动。
9. 显现出某些欺诈信号，如无法证明财务记录的合法性。
10. 财务报表披露延迟。
11. 超出公司管理和控制极限的公司规模过度扩张。

12. 未做客户破产的应急预案。

13. 丧失一个或数个财务状况良好的大客户。

14. 遇到台风、火灾等重大突发事件。

## 七、其他预警信号

1. 业务领域收缩。

2. 无核心业务并过分追求多样化。

3. 业务增长过快。

4. 资产周转速度下降。

# 第二节　贷款风险分类

## 一、贷款风险分类的含义

贷款风险分类主要是依据借款人的还款能力，确定贷款遭受损失的风险程度，以此作为提取呆账准备金依据的一种贷款分类方法。

## 二、贷款风险分类的认定

2001 年 12 月，施行的《贷款风险分类指导原则》，要求商业银行依据借款人的实际还款能力进行贷款质量的五级分类，即按风险程度将贷款划分为五类：正常、关注、次级、可疑、损失，后三种为不良贷款。

### （一）正常贷款

**1. 核心定义**

正常贷款是指借款人能够履行合同，一直能正常还本付息，不存在任何影响贷款本息及时全额偿还的消极因素，商业银行对借款人按时足额偿还贷款本息有充分把握。贷款损失的概率为 0。

**2. 下列情况划入正常类**

（1）借款人有能力履行承诺，还款意愿良好，经营、财务等各方面状况正常，能正常还本付息，金融机构对借款人最终偿还贷款有充分把握。

（2）借款人可能存在某些消极因素，但现金流量充足，不会对贷款本息按约足额偿还产生实质性影响。

## （二）关注贷款

### 1. 核心定义

关注贷款是指尽管借款人目前有能力偿还贷款本息，但存在一些可能对偿还产生不利影响的因素。如果这些因素继续存在，可能对借款人的还款能力产生影响，应引起注意。贷款损失的概率不会超过5%。

### 2. 有下列情况之一的划入关注类

（1）借款人的销售收入、经营利润下降或出现流动性不足的征兆，一些关键财务指标出现异常性的不利变化或低于同行业平均水平。

（2）借款人或有负债（如对外担保、签发商业汇票等）过大或与上期相比有较大幅度上升。

（3）借款人的固定资产贷款项目出现重大的不利于贷款偿还的因素（如基建项目工期延长、预算调增过大）。

（4）借款人经营管理存在重大问题或未按约定用途使用贷款。

（5）借款人或担保人改制（如分立、兼并、租赁、承包、合资、股份制改造等）对贷款可能产生不利影响。

（6）借款人的主要股东、关联企业或母子公司等发生了重大的不利于贷款偿还的变化。

（7）借款人的管理层出现重大意见分歧或者法定代表人和主要经营者的品行出现了不利于贷款偿还的变化。

（8）违反行业信贷管理规定或监管部门监管规章发放的贷款。

（9）借款人在其他金融机构贷款被划为次级类。

（10）宏观经济、市场、行业、管理政策等外部因素的变化对借款人的经营产生不利影响，并可能影响借款人的偿债能力。

（11）借款人处于停产或半停产状态，但抵（质）押率充足，抵（质）押物远远大于实现贷款本息的价值和实现债权的费用，对最终收回贷款有充足的把握。

（12）借新贷款偿还旧贷款，企业运转正常且能按约还本付息的。

（13）借款人偿还贷款能力较差，但担保人偿还能力较强。

（14）贷款的抵押物、质押物价值下降，或商业银行对抵（质）押物失去控制；保证的有效性出现问题，可能影响贷款归还。

（15）本金或利息逾期（含展期）90天（含）以内的贷款或表外业务垫款30天（含）以内。

## (三)次级贷款

### 1. 核心定义

次级贷款是指借款人的还款能力出现明显问题,完全依靠其正常营业收入无法足额偿还贷款本息,需要通过处分资产或对外融资乃至执行抵押担保来还款付息。贷款损失的概率在30%—50%。

### 2. 有下列情况之一的一般划入次级类

(1)借款人经营亏损,支付困难并且难以获得补充资金来源,经营活动的现金流量为负数。

(2)借款人不能偿还其他债权人债务。

(3)借款人已不得不通过出售、变卖主要的生产、经营性固定资产来维持生产经营,或者通过拍卖抵押品、履行保证责任等途径筹集还款资金。

(4)借款人采用隐瞒事实等不正当手段取得贷款的。

(5)借款人内部管理出现问题,对正常经营构成实质损害,妨碍债务的及时足额清偿。

(6)借款人处于半停产状态且担保为一般或者较差的。

(7)为达到清收贷款本息、保全资产等目的发放的"借新还旧"贷款。

(8)可还本付息的重组贷款。

(9)信贷档案不齐全,重要法律性文件遗失,并且对还款构成实质性影响。

(10)借款人在其他金融机构贷款被划为可疑类。

(11)违反国家法律、行政法规发放的贷款。

(12)本金或利息逾期91天以上至180天(含)的贷款或表外业务垫款31天以上至90天(含)。

## (四)可疑贷款

### 1. 核心定义

可疑贷款是指借款人无法足额偿还贷款本息,即使执行担保,商业银行也肯定要面临较大损失。只是因为存在借款人重组、兼并、合并、抵押物处理和未决诉讼等待定因素,损失金额的多少还不能确定,贷款损失的概率在50%—75%。

**2. 有下列情况之一的一般划入可疑类**

(1)借款人处于停产、半停产状态,固定资产贷款项目处于停、缓建状态。

(2)借款人实际已资不抵债。

(3)借款人进入清算程序。

(4)借款人或其法定代表人涉及重大案件,对借款人的正常经营活动造成重大影响。

(5)借款人改制后,难以落实商业银行债务或虽落实债务,但不能正常还本付息。

(6)经过多次谈判,借款人明显没有还款意愿。

(7)已诉诸法律追收贷款。

(8)贷款重组后仍然不能正常归还本息。

(9)借款人在其他金融机构贷款被划为损失类。

(10)本金或利息逾期 181 天以上的贷款或表外业务垫款 91 天以上。

### (五)损失贷款

**1. 核心定义**

损失贷款是指借款人已无偿还本息的可能,无论采取什么措施和履行什么程序,贷款都注定要发生损失,或者虽然能收回极少部分,但其价值也是微乎其微。从商业银行的角度看,也没有意义和必要再将其作为商业银行资产在账目上保留下来。对于这类贷款,在履行了必要的法律程序之后,商业银行应立即予以注销,其贷款损失的概率在 75%—100%。

**2. 有下列情况之一的一般划入损失类**

(1)借款人因依法解散、关闭、撤销、宣告破产终止法人资格,商业银行依法对借款人及其担保人进行追偿后,未能收回的贷款。

(2)借款人已完全停止经营活动且复工无望,或者产品无市场,严重资不抵债濒临倒闭,商业银行依法对其财产进行清偿,并对其担保人进行追偿后未能收回的贷款。

(3)借款人死亡,或者依照《中华人民共和国民法通则》(以下简称《民法通则》)的规定宣告失踪,商业银行依法对其财产或者遗产进行清偿,并对担保人进行追偿后未能收回的贷款。

(4)借款人遭受重大自然灾害或意外事故,损失巨大且不能获得保险补偿,确实无力偿还的贷款;或者保险赔偿清偿后,确实无力偿还的部分贷款,商业银行依法对其财产进行清偿或对担保人进行追偿后,未能收回的贷款。

(5)借款人触犯刑律,依法判处刑罚,其财产不足归还所借债务,又无其他债务承担者,商业银行依法追偿后无法收回的贷款。

(6)借款人及其担保人不能偿还到期债务,商业银行诉诸法律,经法院对借款人和担保人强制执行,借款人和担保人均无财产可执行,法院裁定终结执行后,商业银行仍无法收回的贷款。

(7)由于上述(1)至(6)项原因,借款人不能偿还到期债务,商业银行对依法取得的抵债资产,按评估确认的市场公允价值入账后,扣除抵债资产接收费用,小于贷款本息的差额,经追偿后仍无法收回的贷款。

(8)开立信用证、办理承兑汇票、开具保函等发生垫款时,凡开证申请人和保证人由于上述(1)至(6)项原因,无法偿还垫款,商业银行经追偿后仍无法收回的垫款。

(9)银行卡被伪造、冒用、骗领而发生的应由商业银行承担的净损失。

(10)助学贷款逾期后,商业银行在确定的有效追索期内,并依法处置助学贷款抵押物(质押物)向担保人追索连带责任后,仍无法收回的贷款。

(11)商业银行发生的除贷款本金和应收利息以外的其他逾期3年无法收回的其他应收款。

(12)已经超过诉讼时效的贷款。

(13)符合《财政部关于印发〈金融企业呆账核销管理办法(2017年版)〉的通知》(财金[2017]90号)规定的被认定为呆账条件之一的信贷资产。

(14)借款人无力偿还贷款,即使处置抵(质)押物或向担保人追偿也只能收回很少的部分,预计贷款损失率超过85%。

## 第三节 不良贷款的处置

### 一、催收

1. 调查借款人实际还款能力(收入、支出、资产状况),确定是否有还款能力而没有还款意愿;如果有还款能力,加强追索,书面催收,如其仍不偿还,说明借款人主观上存在恶意拖欠的故意,可起诉到法院通过公安局经济侦查部门追索。

2. 如果借款人确实存在短期偿还能力不足问题,但是经营情况长期向好,则可以采取债务重组方式,重新确定还款期限,采用休养生息的方式培育第一还款来源,使得借款人通过自身努力改善经营成果偿还贷款。

3. 如果借款人短、长期偿债能力都不足,而且也看不出其经营上有向好的趋势,要采取果断措施,保全其资产,扣押抵押物或者追索保证人的保证责任。

根据《民法通则》第140条及最高人民法院司法解释的规定,债权人主张权利是导致诉讼时效中断的一种方式。从中断时起,诉讼期间重新计算。催款通知书是债权人主张权利的凭证，可以引起诉讼时效的中断。根据《民法通则》第 4 条、第 90 条规定的精神，对于超过诉讼时效期间，商业银行向借款人发出催收逾期贷款通知单，债务人在该通知单上签字或者盖章的，应当视为对原债务的重新确认，该债权债务关系应受法律保护。

**【例 7－1】 ××银行催收逾期贷款本息通知书**

××银行催收逾期贷款本息通知书

××银行催收逾期贷款本息通知书

编号：

截至________年________月________日，贵单位共积欠我行贷款本息合计________万元，其中：本金________万元，利息________万元，请抓紧筹措资金，尽快偿还。否则，我行将采取下列相应措施：

1. 宣布借款提前到期，取消尚未发放的借款，并提前收回全部贷款。
2. 停止受理贷款、银行承兑汇票等融资业务申请。
3. 报请中国人民银行列入信用不良企业名单，向社会公布。
4. 依法向法院申请支付令、申请强制执行或直接提起诉讼，追偿贷款本息。

借款合同号如下：

借款人公章： 贷款人公章：

（或签收人签字）：

年 月 日 年 月 日

注：本通知书一式两份，借款人签收后退贷款人一份作为回执。

【例 7-2】 ××银行督促履行保证责任通知书

××银行督促履行保证责任通知书

××银行督促履行保证责任通知书

编号：

贵单位_______年_______月_______日为_______(借款人)从我行借款_______万元提供连带责任保证,保证合同编号_______。该笔贷款现已逾期,经我行催收,截至_______年_______月_______日尚欠贷款本金_______万元,利息_______元。请尽快筹措资金履行保证责任,或督促借款人偿还我行贷款本息。我行保留依照有关法律和保证合同采取相应措施的权利。

保证人公章： 贷款人公章：

(或签收人签字)：

年 月 日 年 月 日

注:本通知书一式两份,保证人签收后退贷款人一份作为回执,保证人留存一份。

## 二、贷款重组

贷款重组是指由于借款人财务状况恶化或无力还款,商业银行对借款合同还款条款做出调整的过程。贷款重组的主要目的有两个:其一是充分利用闲置的资金(即已拥有房屋的现有价值与所欠贷款之差)去做投资用途,从而获得更大的回报,实现“以钱生钱”的目的;其二是利用各金融机构不同贷款产品的利率差,达到节省利息支出,加快还清贷款的目的。因此商业银行通常愿意采用贷款重组方式。

### (一)贷款展期

贷款展期是指借款人在向贷款银行提交申请并获得批准的情况下,延期偿还贷款的行为。这是最常用、最简单的一种贷款重组的方法。如企业遇有特殊情况,确实无法按期还款时,应提出申请,说明情况,经商业银行审查同意后,可延长还款时间,但需办理展期手续,否则按贷款逾期处理。通常,这种方法适用于那些在展期期限内能够改善财务状况、并能够归还贷款本息的借款人。例如,因市场变化而造成生产或销售暂时受挫的企业,在采取整改措施后,其能够在展期期限内改善财务状况,按时归还银行贷款。又例如,有些贷款项目在建设过程中因客观原因而拖延了工期,但在规定的展期期限内,该项目能建成投产,并能够获得足够的收益用以归还商业银行贷款,在这种情况下,商业银行就可以考虑同意予以贷款展期。



一笔贷款原则上只能展期一次。根据《贷款通则》第 12 条的有关规定:短期贷款展期期限累计不得超过原贷款期限；中期贷款展期期限累计不得超过原贷款期限的一半；长期贷款展期期限累计不得超过3年。国家另有规定者除外。

**【例7-3】　借款展期协议**

借款展期协议

合同编号：______年______字第______号

借款展期协议

借款人（甲方）：________________

住所（地址）：________________

法定代表人：________________

贷款人（乙方）：________________

住所（地址）：________________

负责人：________________

担保人（丙方）：________________

住所（地址）：________________

法定代表人：________________

签订时间：______年______月______日

签订地点：________________

鉴于

甲方因故不能按期偿还与乙方签订的______年______字第______号借款合同（下称原借款合同）项下的借款。甲方已于______年______月______日向乙方提交了借款展期书面申请。

丙方作为甲方的担保人，同意就甲方的展期借款事项，继续提供乙、丙双方签订的______年______字第______号保证/抵押/质押合同（下称原担保合同）所约定之担保。

乙方表示同意就甲、乙双方原合同项下的借款进行展期。为明确在借款展期期间，甲、乙、丙各方权利义务，经三方协商一致，在原借款合同和原担保合同有效的前提下，特订立此展期协议。

第一条　原借款合同项下借款金额为______（大写：______）万______（货币单位，下同），已偿还______（大写：______）万______，展期金额______（大写：______）万______。

第二条　原借款合同项下借款期限为______年______月______日至______年______月______日。展期期限为______年______月______日至______年______月______日。

第三条　本合同协议项下的借款利率按下列第______种方式确定：

3.1 年利率为________%（或月利率为________%）的固定利率。

3.2 年利率为________%（或月利率为________%），但合同期内甲乙双方协商可按______（月/季/年）对合同期内的借款利率进行调整。

3.3 由甲乙双方根据乙方公布的外汇贷款基准利率，每________（1/3/6）个月协商确定一次，第一个利息期的年利率为________%。

3.4 ________（3 个月/6 个月）的 LIBOR + ________% 的利差组成的浮动贷款利率。

如遇中国人民银行调整利率或利率确定方法，则按中国人民银行的有关规定办理。

第四条　本协议项下的展期金额按下列第________种方式偿还：

4.1 展期到期一次性偿还。

4.2 按照下列日期和金额分次偿还。

4.2.1 ________；

4.2.2 ________；

4.2.3 ________；

4.2.4 ________。

第五条　甲方未按本协议的约定按期偿还借款本息的，乙方有权在原利率基础上加收____作为罚息利率，对甲方逾期贷款自逾期之日起按罚息利率计收利息，并对未按时支付的利息计收复利。

第六条　丙方应按下列第________项之约定承担担保责任：

6.1 丙方为保证人，丙方愿按与乙方签订的________年________字第________号担保合同的约定继续对甲方在原借款合同和本借款展期协议项下的全部债务承担连带保证责任，但保证期间为自本协议确定的借款到期之次日起两年。乙方根据原借款合同约定宣布借款提前到期的，则保证期间为自乙方向借款人通知的还款日之次日起两年。

6.2 丙方为抵押人，丙方拟按与乙方签订的________年________字第________号担保合同的约定继续对甲方在原借款合同和本借款展期协议项下的全部债务承担抵押担保。

6.3 丙方为出质人，丙方愿按与乙方签订的________年________字第________号担保合同的约定继续对甲方在原借款合同和本借款展期协议项下的全部债务提供质押担保。

第七条　除本协议另有规定外，原借款合同和担保合同仍然有效。未尽事宜，由原借款合同和担保合同调整和解释。

第八条　本协议附件是本协议不可分割的组成部分，本协议的附件包括：

8.1 ________________________________________________________________；

8.2 ________________________________________________________________；

8.3 ________________________________________________________________。

第九条　本协议在下列第________项的规定的条件满足时生效，至本协议和原借款合同项下所有应付款项全部清偿之日止。

9.1 丙方如为保证人,则本协议在甲、乙、丙三方签章之日起生效;

9.2 丙方如为抵押人,则本协议经甲、乙、丙三方签章后,自有关登记部门办理完毕抵押变更登记手续之日生效;

9.3 丙方如为动产出质人,则本协议在甲、乙、丙三方签章并且质物移交于乙方占有时生效;

9.4 丙方如为权利出质人,则本协议经甲、乙、丙三方签章,自________之日起生效。

第十条 本协议正本一式________份,甲方、乙方、丙方三方各执一份,具有同等的法律效力。

第十一条 其他约定事项:______________________________

甲方:__________(公章)

法定代表人(授权代理人):____________________

签字日期:________年________月________日

乙方:中国工商银行____________________(公章)

负责人(授权代理人):________________

签字日期:________年________月________日

丙方:____________(公章)

法定代表人(授权代理人):__________

签字日期:________年________月________日

### (二)借新还旧

借新还旧又称为"以贷还贷",是指贷款到期(含展期后到期)后不能按时收回,商业银行又重新发放贷款用于归还部分或全部原贷款的行为。当商业银行认为企业还有生存能力,只是面临临时性资金困难时,可以采用此种方案。

从"借新还旧"的本质来看,我们可以总结出它的基本特征:

1. 前一笔借款已经到期。如果借款合同履行期限未满,就不会产生"借新还旧"贷款。

2. 借款人是由于商业银行认可的原因而不能归还。因为在实践中,借款人不能归还借款的原因很多,如丧失了偿还能力、因资金周转暂时出现困难、不可抗力、故意逃废债、企业转制等等。只有商业银行认可,才可能存在"借新还旧"的问题。商业银行一般是在企业经营正常,只是遇到临时性资金周转困难或企业经营体制变更情况下,并且在对其信贷资产不会造成威胁时才可能采用"借新还旧"的方式发放贷款。也就是说,只有可能达到"双赢"效果时,商业银行才会这样做。如果企业已严重亏损、资不抵债,商业银行是不可能同意采取这种"借新还旧"方式的。

3. 借贷双方同意以发放新贷款的方式归还旧贷款。借款合同是双务合同,只有双方达成协议，合同才能依法成立。

出现以下情况之一者，商业银行通常不应给予追加新贷款：(1)贷款被挤占挪用；(2)贷款项目或产品属重复建设，市场同类产品已经出现供大于求现象；(3)借款企业经营管理混乱，效率低下；(4)借款企业亏损严重；(5)原贷款已展期，或已追加过新贷款，但借款人财务状况仍无明显改善，不能按时还本付息；(6)借款企业属于产业结构调整中需压缩、调整、归并或近期可能发生被兼并、收购的企业；(7)商业银行自身资金情况不允许，或违反商业银行信贷政策；(8)违反中央银行或有关管理部门的规定。总之，追加新贷款是为了在不违反有关政策规定的前提下减少商业银行债权的损失或增加商业银行的收益，倘若与这一目的相违背，商业银行一般不考虑追加新贷款。

### (三)调整利率——减息

不良贷款利息减免是指在不良贷款清收过程中，为尽快、尽可能多地收回贷款，经综合评估，在确定已最大限度维护商业银行权益的前提下，对债务人所欠的贷款利息给予全部或部分豁免。其原因在于，若要强行收回贷款，企业就可能马上陷入困境，最后连本金都可能难以归还；若减免部分利息，减轻企业的负担，使之正常经营下去，企业就可能归还商业银行的贷款。

### (四)变更担保条件

1. 将抵押或质押转换为保证。
2. 将保证转换为抵押或质押，或变更保证人。
3. 直接减轻或免除保证人的责任。

通常，商业银行同意变更担保的前提是，担保条件会发生明显改善或担保人会尽其所能替借款企业偿还一部分商业银行贷款。

## 三、呆账核销

呆账核销就是将符合条件的、判定已经无法收回的损失贷款，用已经提取的贷款损失准备金进行冲销。

### (一)呆账的认定

商业银行经采取所有可能的措施和实施必要的程序之后，符合下列条件之一的债权或者股权可认定为呆账：

1. 借款人和担保人依法宣告破产、关闭、解散或撤销，并终止法人资格，商业银行对借款人和担保人进行追偿后，未能收回的债权。

2. 借款人死亡，或者依照《民法通则》的规定宣告失踪或者死亡，商业银行依法对其财产或者遗产进行清偿，并对担保人进行追偿后，未能收回的债权。

3. 借款人遭受重大自然灾害或者意外事故，损失巨大且不能获得保险补偿，或者以保险赔偿后，确实无力偿还部分或者全部债务，商业银行对其财产进行清偿和对担保人进行追偿后，未能收回的债权。

4. 借款人和担保人虽未依法宣告破产、关闭、解散、撤销，但已完全停止经营活动，被县级及县级以上工商行政管理部门依法注销、吊销营业执照，商业银行对借款人和担保人进行追偿后，未能收回的债权。

5. 借款人和担保人虽未依法宣告破产、关闭、解散、撤销，但已完全停止经营活动或下落不明，未进行工商登记或连续两年以上未参加工商年检，商业银行对借款人和担保人进行追偿后，未能收回的债权。

6. 借款人触犯刑律，依法受到制裁，其财产不足归还所借债务，又无其他债务承担者，商业银行经追偿后确实无法收回的债权。

7. 由于借款人和担保人不能偿还到期债务，商业银行诉诸法律，经法院对借款人和担保人强制执行，借款人和担保人均无财产可执行，法院裁定终结、终止或中止执行后，商业银行仍无法收回的债权。

8. 对借款人和担保人诉诸法律后，因借款人和担保人主体资格不符或消亡等原因，被法院驳回起诉或裁定免除（或部分免除）债务人责任；或因借款合同、担保合同等权利凭证遗失或丧失诉讼时效，法院不予受理或不予支持，商业银行经追偿后仍无法收回的债权。

9. 由于上述 1 至 8 项原因，借款人不能偿还到期债务，商业银行依法取得抵债资产，抵债金额小于贷款本息的差额，经追偿后仍无法收回的债权。

10. 开立信用证、办理承兑汇票、开具保函等发生垫款时，凡开证申请人和保证人由于上述 1 至 9 项原因，无法偿还垫款，商业银行经追偿后仍无法收回的垫款。

11. 按照国家法律法规规定，具有投资权的商业银行的对外投资，由于被投资企业依法宣告破产、关闭、解散或撤销，并终止法人资格的，商业银行经清算和追偿后仍无法收回的股权。

12. 商业银行经批准采取打包出售、公开拍卖、转让等市场手段处置债权或股权后，其出售转让价格与账面价值的差额，可认定为呆账。

### （二）下列债权或者股权不得作为呆账核销

1. 借款人或者担保人有经济偿还能力，未按期偿还的商业银行债权。

2. 违反法律、法规的规定，以各种形式逃废或者悬空的商业银行债权。

3. 行政干预逃废或者悬空的商业银行债权。

4. 商业银行未向借款人和担保人追偿的债权。

5. 其他不应当核销的商业银行债权或者股权。

### （三）呆账的核销

呆账核销必须遵循严格的认定条件，提供确凿证据，严肃追究责任，逐户、逐级上报、审核和审批，坚持对外保密、账销案存的原则。

商业银行申报核销呆账，必须提供以下材料：

1. 借款人或者被投资企业资料，包括债权、股权发生明细材料，借款人（持卡人）、担保人或抵押物情况，对借款人和担保人的追索情况及结果，被投资企业的基本情况和现状，财产清算情况等。

2. 经办行的调查报告，包括呆账形成的原因，采取的补救措施及结果，对借款人（持卡人）和担保人具体追收过程及证明，抵（质）押物处置情况，核销的理由，债权和股权经办人、部门负责人和单位负责人情况，对责任人进行处理的有关文件等。

3. 其他相关材料。

不能提供确凿证据证明的呆账，不得核销。

## 四、剥离不良贷款

不良贷款剥离这一措施始于20世纪80年代，我国几大商业银行将遗留下来的巨额不良资产（数以万亿计的难收回的贷款等）拨给专门为此成立的几家资产管理公司（如华融、信达、东方、长城等），由后者负责追收、拍卖，尽可能为国家挽回损失。具体做法如下：

### （一）债转股

债转股是指由金融资产管理公司作为投资的主体，将商业银行原有的不良信贷资产——也就是国有企业的债务转为金融资产管理公司对企业的股权。它不是将企业债务转为国家资本金，也不是将企业债务一笔勾销，而是由原来的债权债务关系转变为金融资产管理公司与企业间的持股与被持股、控股与被控股的关系，由原来的还本付息转变为按股分红。

债转股重点对三种企业实施：一是集中解决在经济发展中起举足轻重作用的大型、特大型国家重点企业的不良资产难题；二是为近十余年来承担国家重点项目的企业减轻债务包袱，促使其尽早达产达效，实现产业升级；三是围绕国有大中型骨干企业三年改革与脱困两大目标，促使符合条件的亏损企业实现扭亏和转制。

### （二）打包出售

打包出售是一种将不良资产按照一定方式进行批量包装，而后一次性出售的资产处置方式。符合以下六大标准的不良贷款可被纳入打包出售的处置范围：①借款人、担保人生产经营停止，已无偿债能力的贷款；②借款人、担保人经营状况差，短期内无偿债能力的贷款；③借款人、担保人资产状况复杂，清理难度大的贷款；④借款人、担保人外逃或下落不明的贷款；⑤超诉讼时效的贷款；⑥其他可处置的贷款。

## 五、行使代位权

### （一）代位权的含义

代位权是指当债务人对债权人的权利应负迟延责任又怠于行使其对第三债务人的权利时，债权人为保全其债权可以以自己的名义，代债务人行使权利的一种特殊权利。

### （二）行使代位权的条件

根据《合同法》第 73 条的规定以及《最高人民法院关于适用〈中华人民共和国合同法〉若干问题的解释（一）》第 11 条的规定，若债权人想行使代位权，则需同时满足以下条件：

1. 债务人的债权已到清偿期。也就是说，债权人对债务人的债权，债务人对次债务人的债权，这两项债权都是合法有效的债权，而且都已经到了期限。

2. 债务人怠于行使其到期债权。债务人对于其已到期的债权只要不以诉讼或者仲裁的方式向次债务人主张权利的，即构成“怠于行使”。仅向次债务人的代理人主张、发出催款通知、向有关行政机关请求处理，都属于怠于行使之列。次债务人不认为债务人怠于行使的，应当承担举证责任。

3. 债务人怠于行使的权利须具有可代位性，必须是不专属于债务人自身的债权。债权人的代位权属于涉及第三人之权的权利，若债务人享有的权利与第三人无涉，自不得成为债权人代位权的行使对象。

### （三）行使代位权的方式

根据《合同法》的规定，若债权人想行使代位权，则应当是以诉讼方式，也就是必须通过人民法院提起代位权诉讼来行使自己的代位权。

### （四）代位权诉讼行使的效果

在最高法院的司法解释中，明确规定代位权诉讼成立以后，次债务人（代位权诉讼当中的被告），直接向原告（债权人）履行代位权。债权人可以接受履行，他一旦受理以后，债权人与债务人之间，债务人与次债务人之间相应的债权、债务关系同时归于消灭。

### （五）金融机构可以向人民法院请求以自己的名义代位行使债务人的债权

根据《合同法》第73条的规定,金融机构可以向人民法院请求以自己的名义代位行使债务人的债权。

## 六、行使撤销权

### (一)撤销权的含义

撤销权又称“否认权”,它是指破产财产的管理人对破产人在破产宣告前法定期间内进行的损害破产债权人共同利益的行为,具有否认其效力、申请法院予以撤销、恢复原状并追回转让财产的权利。

### (二)行使撤销权的条件

根据《合同法》第74条的规定以及《最高人民法院关于适用〈中华人民共和国合同法〉若干问题的解释(一)》第23条的规定,债权人行使撤销权,需符合以下条件之一:

1. 放弃到期债权的行为,即对他人有债权,可是债务人放弃行使该权利。
2. 债务人的行为必须以财产为标的。
3. 债务人的行为有害债权。

### (三)行使撤销权的方式

根据《合同法》的规定,若债权人想行使撤销权,则应当是以诉讼方式,也就是必须通过人民法院提起代位权诉讼来行使自己的撤销权。

### (四)撤销权诉讼行使的效果

债务人的行为一旦被撤销,即自始失去法律约束力。尚未依该行为给付的,当然恢复原状。已经依该行为给付的,受领人负有恢复原状的义务,在存在给付物的物权复归于给付人的情况下,产生财产返还;在物权已不复存在的情况下,进行作价返还。不过,为了限制债务人不予受领或者再施处分,在解释上宜认为可由行使撤销权的债权人代位受领。另外,债权人可通过执行程序使其债权受偿。就受领的标的物而言,行使撤销权的债权人并没有优先受偿权,不过,如同债权人的代位权一样,在债权人因此所负的返还义务与债务人所负债务构成抵销情况时,债权人可以主张抵销权,从而获得如同优先受偿一样的实际效果。

### (五)金融机构可以请求人民法院行使撤销权

根据《中华人民共和国企业破产法》第31条和第32条的规定,金融机构可以提起诉讼,请求人民法院行使撤销权。

## 七、借助社会力量

### (一)利用行政办法

行政办法收贷,就是加强与债务人的上级主管单位或上级政府的沟通和联系,运用行政干预手段增强企业的还贷意识和法律意识促使企业主动还款,或者强制企业还款,或者代替企业还款。

### (二)通过人民银行、银行同业公会和新闻媒体

采取包括联合制裁、内部发布黑名单、公告催债、公开曝光等方式清收。

### (三)委托行外机构、人员代理清收

委托商业银行以外的金融机构和人员代理清收商业银行不良贷款。

## 八、依法收贷

### (一)含义

依法收贷应从广义和狭义两方面入手。广义的依法收贷指商业银行按规定或约定,通过催收、扣收、处理变卖抵押物,收回违约使用的贷款,加罚利息等措施,以及通过仲裁、诉讼等途径依法收贷。狭义的依法收贷指按照法律、法规的规定,采用仲裁、诉讼等手段清理收回贷款的活动。

### (二)依法收贷的对象、程序与内容

1. 为了便于管理,商业银行向仲裁机关申请仲裁和向人民法院提出诉讼一律以分(支)行的名义进行,分理处及其以下的营业机构不能作为独立的诉讼主体。

2. 依法收贷的对象,是不良贷款。

3. 依法收贷的顺序,一般是信用贷款、保证贷款、抵押贷款。

4. 按法律规定,向仲裁机关申请仲裁的时效为 1 年,向人民法院提起诉讼的时效为 2 年。诉讼时效期间从贷款到期之日开始计算。诉讼时效可因商业银行向借款人发出催收贷款通知函(须经对方签字),或借款人书面提出还款计划、双方重新签订协议等而中断。从中断之日起,诉讼时效重新计算。超过诉讼时效,贷款将不再受法律保护。

5. 对于逾期贷款,商业银行有关部门应每季出具催收贷款通知函,并同时发送担保单位签收。

6. 及时申请财产保全。财产保全可以在起诉前申请,也可以在起诉后、判决前申

请，起诉前申请财产保全被人民法院采纳后，应该在人民法院采取保全措施 15 天内正式起诉。

7. 做好开庭前的一切准备工作，按时出庭，根据事实和法律陈述理由。

8. 依法申请支付令，债权人请求债务人偿付贷款本息的，可以不通过诉讼程序，而直接向有管辖权的基层人民法院申请支付令，但必须符合以下两个条件：①债权人与债务人没有其他债务纠纷；②支付令能够送达债务人。

9. 充分运用执行手段，对于已发生法律效力的判决书、调解书、裁定书、裁决书，当事人不履行的，商业银行应当向人民法院申请强制执行。申请执行的期间为 2 年，执行时效从法律文书规定当事人履行义务的最后一日起计算。

10. 法律结论得出后，必须将法律文书连同有关的贷款资料复印件送风险管理部门，并对被起诉的借款人采取相应的措施。

### （三）依法收贷应注意的几个问题

1. 信贷人员应认真学习和掌握法律知识。
2. 要综合运用诉讼手段和非诉讼手段依法收贷。
3. 既要重视诉讼，更要重视执行。
4. 在依法收贷工作中要区别对待。

**【实训】**

根据已签订借款合同的自然人或企业的情况做以下训练：

1. 授信小组对借款自然人或企业进行跟踪检查，分析其生产经营、财务、管理等情况，做出贷后检查结论。

2. 授信小组将客户的授信档案分类整理归档，装订成册。

3. 授信小组判断客户是否进入问题贷款阶段并说明原因，各小组之间可交叉判断。

# 参考文献


[1]宾爱琪. 商业银行信贷法律风险精析[M].4 版. 北京:中国金融出版社,2011.

[2]庄毓敏. 商业银行业务与经营[M].4 版. 北京:中国人民大学出版社,2014.

[3]银行业专业人员职业资格考试办公室. 公司信贷[M]. 北京:中国金融出版社,2016.

[4]银行业专业人员职业资格考试办公室. 个人贷款[M]. 北京:中国金融出版社,2016.

[5]邱俊如,金广荣. 商业银行授信业务[M]. 北京:中国金融出版社,2009.

[6]唐友清,邱立军. 商业银行信贷实务[M]. 北京:清华大学出版社,2011.

[7]刘佳音,闫红玉. 商业银行信贷与营销[M].3 版. 北京:清华大学出版社,2014.

[8]武飞. 商业银行信贷业务[M].2 版. 北京:中国人民大学出版社,2014.

[9]钟灿辉,陈武. 银行信贷实务与管理[M].3 版. 成都:西南财经大学出版社,2015.

[10]朱静. 商业银行信贷业务实训[M]. 北京:清华大学出版社,2016.

[11]立金银行培训中心. 商业银行对公授信培训[M].4 版. 北京:中国金融出版社,2017.

[12]庞红,尹继红,沈瑞年. 国际结算[M].5 版. 北京:中国人民大学出版社,2016.

[13]徐捷. 国际贸易融资——实务与案例[M].2 版. 北京:中国金融出版社,2017.

[14]王化成. 财务管理[M].5 版. 北京:中国人民大学出版社,2017.

# 参考文献


[illegible]